원리를 알고 공부하면 쉬워진다!

단기합격의 비법서

저자 직강 무료 강의

2024 스포츠지도사 보디빌딩 실기·구술

헝그리 스포츠

5종 자격증 포함

1·2급 생활, 2급 전문, 유소년, 노인 스포츠지도사

핵심 정리

원리 이해

기출 분석

KB026575

최대로 지음

C O N T E N T S

P R E F A C E

머리말

예전에 비해 최근에는 스포츠지도사 시험 응시자 수가 많아지면서 스포츠지도사에게 요구하는 자격 능력이 점점 높아지고 있습니다. 시대적으로 생활체육이 발전하면서 스포츠에 대한 관심이 높아지고 각종 미디어 매체에 정보가 많이 공유되는 등 높은 양질의 교육을 요구하고 있기 때문이죠. 보디빌딩 관련해서는 스포츠지도사 보디빌딩 자격증이 가장 대표적으로 볼 수 있구요.

스포츠지도사 보디빌딩 구술 및 실기 검정에서 다루는 내용은 보디빌딩과 관련된 다양한 이론과 동작들에 대한 내용으로 피트니스 관련 직종에 있는 사람 또는 누군가를 가르쳐야 하는 위치에 있는 사람이라면 기본적으로 알아야 할 내용입니다.

이 책에 전공 서적에 있는 모든 내용을 담으면 가장 좋겠지만 수험생분들이 그 내용들을 모두 암기하기에는 어려울거라고 생각됩니다. 저는 보디빌딩과 관련된 지식들은 넓게 보면 다 연결되어 있다고 생각합니다. 움직임에 대한 원리와 우리 몸이 반응하는 생리학적 기본 개념들만 알게 되면 우리 몸이 왜 이렇게 움직이는지, 어떻게 움직여야 가장 효율적인지, 운동을 하게 되면 우리 몸은 어떻게 반응하는지를 알 수 있습니다. 인간의 신체는 어느 무엇보다 정직하기 때문이죠. 그래서 이 책은 가장 핵심 개념들을 정리해 놓았고 수험생분들이 가장 효율적으로 합격할 수 있도록 구성했습니다.

현직 체육 교사로서 또는 보디빌딩을 사랑하는 한 사람으로서 다양한 정보와 노하우를 담으려고 노력했습니다. 여러분들의 '합격'이라는 목표와 더 나아가 지도사로서의 책임감을 가질 수 있도록 저와 함께 스포츠지도사 보디빌딩 및 구술 시험에 준비하면서 꼭 합격하시길 바라겠습니다. 감사합니다.

최 대 로 올림

스포츠 지도사 보디빌딩 실기 및 구술 시험 안내

1. 시험 요건 및 내용

- 대상: 전문(2급), 생활(1·2급), 유소년, 노인 스포츠지도사 필기시험 합격자 및 면제자
- 시험문제: 실기 5문제 / 구술 4문제~5문제
- 합격: 구술 및 실기 각각 만점의 70% 이상 맞아야 합격
- 주요 일정

필기시험	2024. 4. 27(토).
필기시험 합격자 발표	2024. 5. 17(금).
실기 및 구술시험 온라인 접수	2024. 5. 30(목). ~ 2024. 6. 5(수)
실기 및 구술시험	2024. 6. 8(토). ~ 7.5(금)
합격자 발표	2024. 7. 15(월). 16:00
연수	2024. 8. 3(토). ~ 10.20(일)
최종 합격자 발표	2024. 12. 6(금). 14:00

2. 실기 검정

(1) 지원자 복장 및 준비물

① 상의: 민소매 러닝 및 탑

② 하의: 허벅지가 보이는 반바지

③ 운동화

④ 신분증 및 수험표

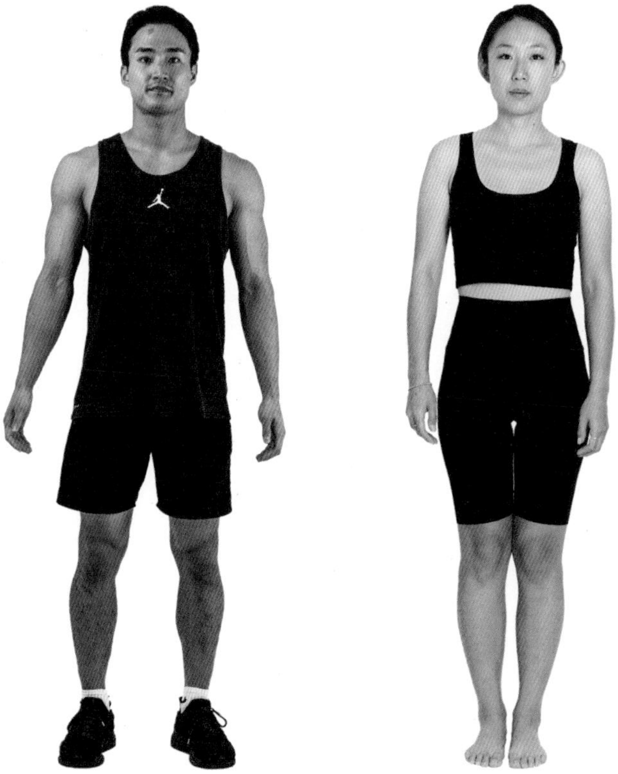

(2) 시험장 도구

- 실기장 소요 장비의 경우 종목별 시행 계획에 제시되어 있지만 시험장의 상황에 따라 약간의 변동이 있을 수 있으니 체육지도자연수원 홈페이지를 반드시 확인해야 한다.

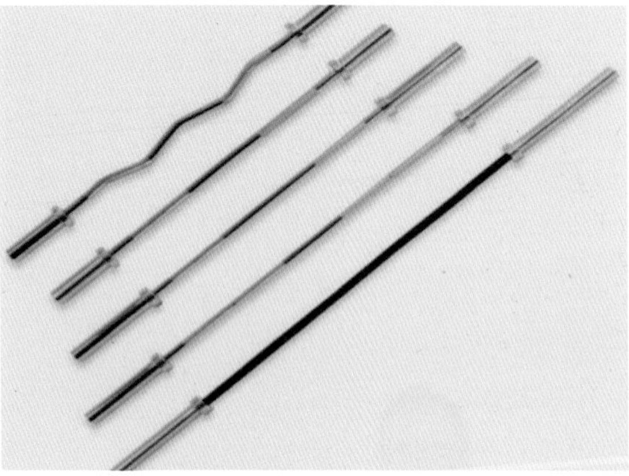

바벨: 중량봉(긴 봉, 짧은봉)

벤치

덤벨: 2.5kg, 5kg

요가매트

(3) 실기 종목
[1급·2급 생활, 유소년·노인 스포츠지도사]

대분류		세부 기술
상체, 가슴/팔	80	바벨 벤치 프레스, 덤벨 벤치 프레스, 덤벨 플라이, 덤벨 풀오버, 클로즈 그립, 푸쉬업, 덤벨 컬, 해머 컬, 바벨 컬, 컨센트레이션 컬, 리버스 바벨 컬, 얼터네이트, 덤벨 컬, 얼터네이트 해머 컬, 덤벨 리스트 컬, 바벨 리스트 컬, 스탠딩 바벨, 트라이셉스 익스텐션, 라잉 바벨 트라이셉스 익스텐션, 원암 덤벨 오버헤드, 트라이셉스 익스텐션, 시티드 트라이셉스 익스텐션, 덤벨 킥백, 벤치 딥, 덤벨 리버스, 리스트 컬, 바벨 리버스 리스트 컬, 푸쉬업
상체 등, 어깨		벤트오버 원암 덤벨 로우, 벤트오버 바벨 로우, 언더그립 바벨 로우, 뉴트럴그립, 투암 덤벨 로우, 바벨 굿모닝 엑서사이즈, 백 익스텐션, 바벨 밀리터리 프레스, 비하인드 넥 프레스, 덤벨 쇼울더 프레스, 덤벨 레터럴 레이즈, 덤벨 프론트, 레이즈, 벤트오버 레터럴 레이즈, 바벨 프론트 레이즈, 바벨 업라이트 로우, 덤벨 쉬러그, 바벨 쉬러그
하체, 복근, 전신		백 스쿼트, 프론트 스쿼트, 바벨 런지, 덤벨 런지, 시티드 카프 레이즈, 힙 브릿지, 덩키 킥, 바벨 힙 트러스트(주동근:둔근), 업도미널 힙 트러스트(주동근:하복부), 루마니안 데드리프트, 스티프 레그 데드리프트, 컨벤셔널 데드리프트, 덤벨 사이드, 밴드, 크런치, 레그레이즈, 오블리크 크런치, 시티드 니업, 리버스 크런치, V-싯업, 와이드 스탠스 스쿼트, 풀(딥) 스쿼트, 플랭크, 사이드플랭크
실전 기술	20	(남녀공통) 남자 보디빌딩 규정포즈, 여자 피지크 규정포즈 * 실전기술 페이지 참고

[2급 전문 스포츠지도사]

대분류		세부 기술
상체, 가슴/팔	80	바벨 벤치 프레스, 덤벨 벤치 프레스, 덤벨 플라이, 덤벨 풀오버, 클로즈 그립, 푸쉬업, 덤벨 컬, 해머 컬, 바벨 컬, 컨센트레이션 컬, 리버스 바벨 컬, 얼터네이트, 덤벨 컬, 얼터네이트 해머 컬, 덤벨 리스트 컬, 바벨 리스트 컬, 스탠딩 바벨, 트라이셉스 익스텐션, 라잉 바벨 트라이셉스 익스텐션, 원암 덤벨 오버헤드, 트라이셉스 익스텐션, 시티드 트라이셉스 익스텐션, 덤벨 킥백, 벤치 딥, 덤벨 리버스, 리스트 컬, 바벨 리버스 리스트 컬, 푸쉬업
상체 등, 어깨		벤트오버 원암 덤벨 로우, 벤트오버 바벨 로우, 언더그립 바벨 로우, 뉴트럴그립, 투암 덤벨 로우, 바벨 굿모닝 엑서사이즈, 백 익스텐션, 바벨 밀리터리 프레스, 비하인드 넥 프레스, 덤벨 쇼울더 프레스, 덤벨 레터럴 레이즈, 덤벨 프론트, 레이즈, 벤트오버 레터럴 레이즈, 바벨 프론트 레이즈, 바벨 업라이트 로우, 덤벨 쉬러그, 바벨 쉬러그
하체, 복근, 전신		백 스쿼트, 프론트 스쿼트, 바벨 런지, 덤벨 런지, 시티드 카프 레이즈, 힙 브릿지, 덩키 킥, 바벨 힙 트러스트(주동근:둔근), 업도미널 힙 트러스트(주동근:하복부), 루마니안 데드리프트, 스티프 레그 데드리프트, 컨벤셔널 데드리프트, 덤벨 사이드, 밴드, 크런치, 레그레이즈, 오블리크 크런치, 시티드 니업, 리버스 크런치, V-싯업, 와이드 스탠스 스쿼트, 풀(딥) 스쿼트, 플랭크, 사이드플랭크
실전 기술	20	(남녀 공통) 남자 보디빌딩 규정포즈, 남자 클래식 보디빌딩 규정포즈 및 쿼터 턴, 남자 클래식피지크 규정포즈 및 쿼터 턴, 여자 피지크 규정포즈 및 쿼터 턴, 여자 보디피트니스 쿼터 턴, 여자 비키니피트니스 쿼터 턴 * 실전기술 페이지 참고

(4) 구술 평가 영역(공통)

영역	배점	분야	세부 기술
규정	40점	협회최신규정	경기인 등록규정, 도핑방지규정, 심판위원회규정
		종목소개 (운영, 규정, 진행)	보디빌딩, 클래식 보디빌딩, 남자 피지크, 클래식 피지크, 여자 피지크, 보디피트니스, 비키니피트니스
		스포츠 인권	스포츠폭력 및 성폭력
		생활체육 개요	목적과 기능, Sports For All, Fitness 운동, Aerobics 운동, Wellness 운동
지도방법	40점	웨이트트레이닝	기본자세, 훈련별·부위별 지도방법
		과학적 지도방법	운동영양학, 운동생리학
		규정포즈	보디빌딩, 클래식보디빌딩, 남자 피지크, 클래식 피지크, 여자 피지크, 보디피트니스, 비키니피트니스
		응급처치	First Aid & CPCR, 응급상황 대처요령
태도	20점	자세	복장, 용모, 자신감, 표현력, 이해도, 태도
		신념	체육의 이해, 지도력, 적극성

(5) 실기 검정 장소 예상 도식도

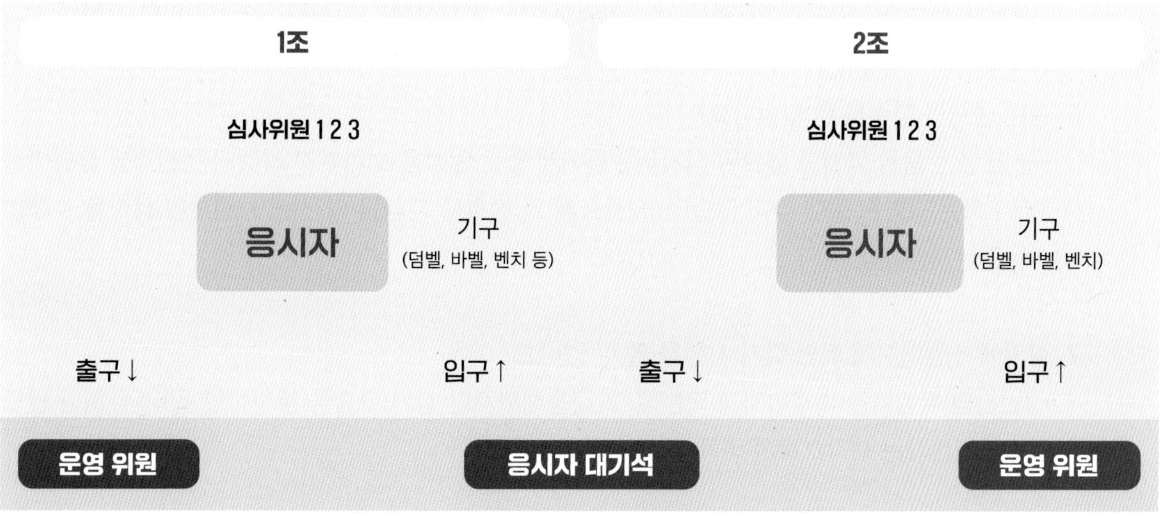

(6) Q&A

1. 구술·실기 합격기준은?

- 구술 및 실기 각각 70%(70점)이상의 점수를 맞아야 합격할 수 있습니다.

2. 구술·실기 시험 장소는 어떻게 정하는지?

- 구술·실기 검정은 시험주관기간에 등록된 대학교에서 실시되며 신청기간에 원하는 장소를 선택할 수 있으나 사람이 몰려 일찍 마감되는 장소들이 많으니 신청 날짜와 시간을 정확히 파악하여 일찍 신청하는게 좋습니다.

3. 구술·실기 문제는 어떻게 알려주나요?

- 시험장마다 약간 상이할 수는 있지만 시험장에 들어가면 심사위원 책상 앞에 구술과 실기 문제가 담긴 통이나 바구니가 있습니다. 여러개의 종이 중에 하나를 뽑아서 심사위원에게 드리거나 심사위원이 질문하는 문제에 답을 하거나 동작을 하시면 됩니다.

4. 구술과 실기 문제는 몇 문제씩 출제 되나요?

- 보통 구술 5문제 실기 5문제가 출제되는데 구술은 4문제가 나올때도 있는 것 보면 시험장마다 약간 변동이 있을 수 있는 것 같습니다.

5. 시험장은 혼자 들어가나요?

- 대기장소까지는 조별로 이동하고 심사위원이 있는 검정실에는 원칙적으로 1인 입장을 합니다.

6. 몸이 좋으면 점수를 더 잘받나요?

- 분명 좋은 몸을 가지고 있으면 심사위원들에게 좋은 인상을 보여주긴 하겠지만 합격과 불합격을 좌우하는 영향은 절대 주지 않습니다. 중요한 건 정확한 지식을 가졌는가, 정확한 동작을 수행할 수 있는지입니다.

7. 실기에서 떨어지게 되면 다시 시험을 볼 수 없나요?

- 1년간의 유예기간이 주어지게 되는데 그 다음해까지만 실기·구술을 통과하면 됩니다. 허나 반드시 합격한다는 생각으로 준비하시길 바랍니다.

8. 생활스포츠지도사 2급 취득하는데 자격조건이 따로 있나요?

- 만 18세 이상이면 누구나 지원할 수 있습니다.

9. 자격증 취득 준비 기간(구술 및 면접 시험)은 어느정도가 좋을까요?

- 배경지식이 어느정도 있느냐에 따라 다르겠지만 기본적으로 보디빌딩에 대해 어느 정도 관심이 있고 경험이 있는 사람은 3개월, 처음 접하는 사람이면 6개월 ~ 1년 정도는 준비해야 합니다. 아무리 숙련된 사람이라도 시험은 또 다른 영역이니 최대한 일찍 준비하는게 좋습니다.

10. 시험 장소마다 시험 난이도가 다르나요?

- 아닙니다. 그럴 수가 없습니다. 기관에서도 최대한 공정한 심사를 위해 공통된 문제로 진행을 합니다.

(7) 합격 필승 Tip

1. 실기(목소리, 호흡, 천천히)

- 절도 있고 큰 목소리
  ex) 심사위원: 덤벨 벤치 프레스 해보세요 / 응시자: 네 덤벨 벤치 프레스 해보겠습니다. (자신감 있게 복창)
- 호흡은 정확하게(중요! 긴장하면 놓치는 경우가 많음, 약간 과장되게 하는게 좋음)
  ex) 근육이 수축할 때는 내쉬는 호흡, 이완할 때는 마시는 호흡

- 동작은 천천히
  ex) 근육 최대 수축지점에서는 1~2초 정도 쭉 짜주는 느낌을 가져가고 규정 포즈를 할 때도 동작을 정확하게 잡고 심사위원이 '그만'할 때까지 한다.

INFORMATION

2. 구술(자신감, 키워드, 실전연습)

- 자신감: 큰 목소리로 답변에 대해 대답하는 것이 좋습니다. 스포츠지도사 응시자로서 자신이 가지고 있는 지식을 정확하게 전달하는 것이 중요합니다.

- 키워드: 긴장을 하게 되면 말이 길어질 때가 있는데 문제를 보고 떠오르는 키워드를 중심으로 문장을 구성하면 수월하게 대답할 수 있습니다.

- 연습: 그냥 눈으로만 내용을 익히지 말고 항상 자신에게 질문을 하면서 소리내어 읽는 연습이 중요합니다. 녹음기를 이용하거나 지인과 함께 질문과 답을 하면서 실제 시험처럼 연습하는 것이 큰 도움이 됩니다.

※ 문제를 읽고 너무 긴장되거나 답이 떠오르지 않으면 심사위원분들에게 "잠시만 답에 대해 생각을 정리하고 말씀드리겠습니다" 라고 말하고 차분하게 답을 찾아가는 과정을 실시해보는 것도 하나의 방법입니다. (필자의 경험입니다 ^ ^)

보디빌딩 기초 이론

| 한 눈에 보는 해부학 자세로 운동 알아보기 |

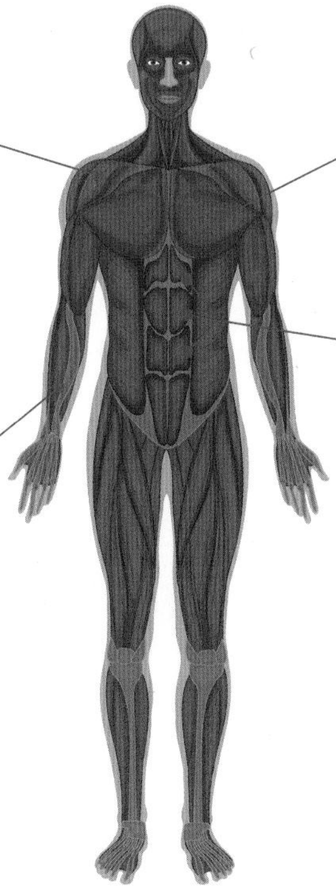

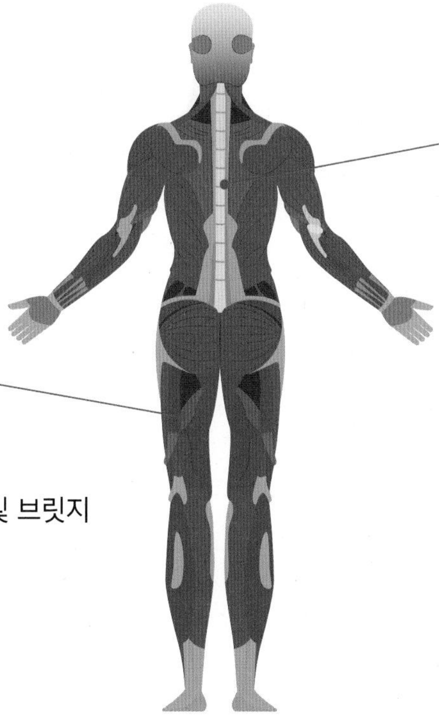

| 알아두어야 할 기초 이론 |

1. 보디빌딩 기본용어

스탠딩(Standing)	서서 ex) 스탠딩 암 컬
시티드(Seated)	앉아서 ex) 시티드 로우
라잉(Lying)	누워서 ex) 라잉 트라이셉스 익스텐션
프레스(Press)=푸시(Push)	밀어서 ex) 벤치 프레스, 푸시 업
풀(Pull)=로우(Row)	당겨서 ex) 랫 풀 다운, 바벨 로우
레이즈(Raise)	올려서 ex) 덤벨 레터럴 레이즈, 레그 레이즈
리버스(Reverse)	반대, 뒤 ex) 바벨 리버스 컬
컬(Curl)	말아올리는 ex) 덤벨 컬, 라잉 레그 컬
프런트(Front)	앞에 ex) 프런트 스쿼트
백(Back)	뒤, 등 ex) 백 스쿼트, 백 더블 바이셉스
익스텐션(Extention)	신전(펴지는) ex) 백 익스텐션, 라잉 트라이셉스 익스텐션
플렉션(Flexion)	굴곡(굽혀지는)
어브덕션(Abduction)	외전(몸의 중심에서 멀어지는) ex) 힙 어브덕션
어덕션(Adduction)	내전(몸의 중심에서 가까워지는) ex) 힙 어덕션
벤트(Bent)	구부러진 ex) 덤벨 벤트오버 레이즈
얼터네이트(Alternate)	번갈아서, 엇갈리게 ex) 얼터네이트 그립, 얼터네이트 덤벨컬
플랫(Flat)	평평한, ex) 플랫 벤치프레스
인클라인(Incline)	위로 기울어진 ex) 인클라인 벤치 프레스
디클라인(Decline)	아래로 기울어진 ex) 디클라인 벤치 프레스

2. 호흡

• 근육이 수축할 때는 숨을 내쉬고 이완할 때 들어 마신다.
• 무게를 올릴수록 호흡에 집중해서 실시하는 것이 코어가 안정되어서 해당 근육 부위에 정확한 자극을 줄 수가 있다.

※ 발살바 호흡법?

고중량을 들기 위해서 한번에 큰 힘을 내려고 할 때 일시적으로 숨을 참는 방법으로 흉강과 복강 내 압력이 올라가 코어를 견고하게 만들어 수행하는 동작이다. 순간적으로 뇌로 공급되는 혈액량이 줄어들기 때문에 어지럼증, 구토 등이 발생할 수 있기 때문에 초보자나 고혈압 환자는 실시하지 않는게 좋다.

3. 그립

• 바벨이나 덤벨 등을 잡을 때 사용하는 방법으로 잡는 위치와 방법에 따라 다양하게 나누어지는데 모든 동작들을 숙지하는게 좋다.

(1) 잡는 위치

와이드

스탠다드

내로우

(2) 잡는 방법

오버 그립

언더 그립

뉴트럴(패러럴) 그립

섬리스 그립

얼터네이터 그립

4. 스탠스

• 가장 기본이 되는 것으로 발의 보폭이라고 생각하면 된다. 보폭을 어떻게 하는지에 따라 몸의 중심선이 이동하게 되는데 다양한 스탠스를 활용하면서 운동을 수행하면 훨씬 효율적으로 할 수 있으니 모든 동작들을 숙지하는게 좋다.

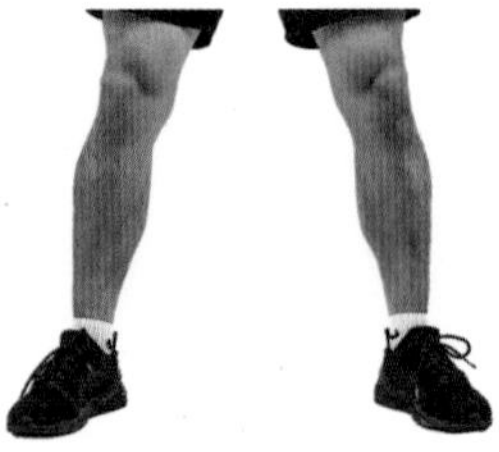

와이드

스탠다드

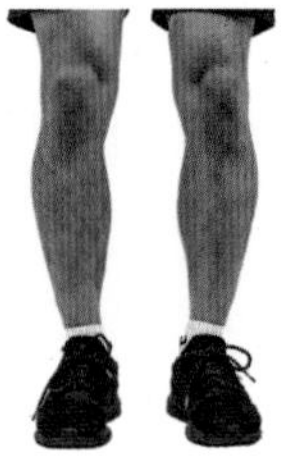

내로우

5. 시선

• 웨이트 트레이닝 동작을 실시할 때는 시선에 따라 자세가 달라지기 때문에 정확하게 고정시키도록 노력해야 한다. 일반적인 동작에서 시선은 정면을 바라보고 구부리는 동작에서는 바닥 앞쪽의 시선을 둔다.

6. 바벨 vs 덤벨 / 프리웨이트 vs 머신웨이트

• 바벨 운동과 덤벨 운동 차이점과 프리웨이트와 머신웨이트의 차이점에 대해 비교해보고 어느 한쪽이 중요하고 좋은 것이 아니라 수행자의 목적과 상태에 따라 가장 적합한 운동을 찾는게 훌륭한 방법이라는 것을 인지하도록 해야 한다.

바벨	덤벨
• 무게를 늘리기가 덤벨에 비해 효과적이다. • 중심을 잡기가 덤벨에 비해 수월하다. • 가동범위가 덤벨보다 제한적이다.	• 무게를 늘리기가 덤벨에 비해 효과적이다. • 중심을 잡기가 덤벨에 비해 수월하다. • 가동범위가 덤벨보다 제한적이다.
프리웨이트	**머신웨이트**
• 신체 움직임을 이해하는데 도움이 된다. • 스스로 무게를 제어하기 때문에 체형과 골격에 맞게 운동할 수 있다. • 무리한 중량과 잘못된 자세로 수행하면 부상 위험이 크다.	• 안정적인 운동을 할 수 있다. • 몸이 고정되어 있기 때문에 해당 부위를 자극하는 고립을 할 수 있다.

실기동작

CHAPTER 01.

하체

| 하체 전체적인 해부도 |

대퇴사두근

무릎을 굽혔다 펴는 기능

-스쿼트

-런지 등

중간광근

대퇴직근

외측광근

내측광근

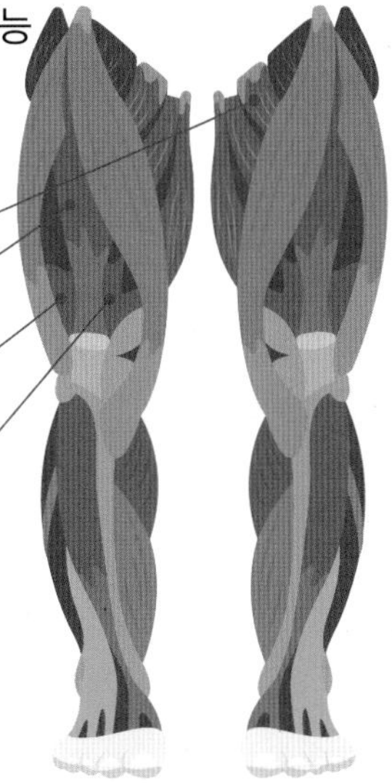

햄스트링

허벅지를 뒤로 드는,

엉덩이 관절을 피는,

무릎을 굽히는 기능

- 스쿼트
- 런지
- 데드리프트 등

대퇴이두근

반건양근

반막양근

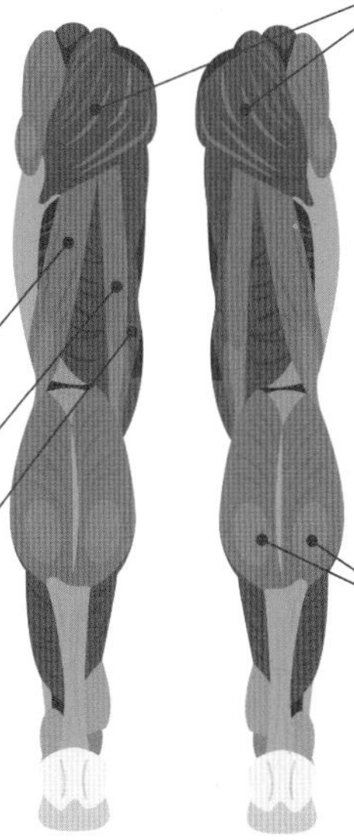

둔근

무릎을 바깥으로 하는,

다리를 뒤로 차는 기능

- 스쿼트
- 런지
- 힙 스러스트
- 덩키 킥 등

비복근

발꿈치를 들어 올리는,

무릎을 굽히는 기능

- 스쿼트
- 카프레이즈 등

1 스쿼트

백스쿼트

바벨을 어깨 뒤쪽 승모근 위에 올리고 상체를 곧게 유지하고 앉았다 일어서는 동작으로 하체 전체를 강화시키는 대표적인 운동이다. 무게중심을 뒤꿈치와 발의 중간에 두고 운동하는게 포인트다.

평가 기준

① 몸통과 바닥이 이루는 각도를 일정하게 유지하면서 서서히 앉았는가?
② 무게중심을 양발과 중앙 부분에 놓이게 했는가?
③ 대퇴가 바닥과 수평이 될 때까지 앉았는가?
④ 일어설 때 반동을 이용하거나 상체를 구부리지 않았는가?
⑤ 바벨이 승모근에 위치하고 있는가?

❶ 다리를 어깨 넓이 또는 자극이 잘 오는 편한 너비로 벌린 뒤 바벨을 들어 승모근 위에 위치시킨다.
무게중심은 발의 중간에 둔다.

❷ 허벅지가 지면과 평행이 될 때까지 천천히 무릎을 구부려 자연스럽게 앉는다.
이때 허리를 꺾거나 엉덩이를 과하게 빼지는 않는다.
얼굴은 살짝 들어주며 시선을 정면으로 하여 1번 동작으로 천천히 돌아간다.

CUEING

시선을 밑에 두면 상체가 숙여질 가능성이 높아 허리 부상 위험성이 높음

와이드 스쿼트

양발의 간격을 어깨너비보다 넓게 위치시킨 상태에서 머리와 허리를 곧게 유지하며 엉덩이의 높이가 무릎과 수평이 되도록 앉는다. 무릎의 방향과 발의 각도는 일치시키고 반동을 이용하지 않은 상태에서 상체를 곧게 유지하며 처음 동작으로 돌아온다.

평가 기준

① 양발의 간격이 어깨너비보다 넓게 위치하고 있는가?
② 일어설 때 반동을 이용하거나 상체를 과하게 구부리지 않았는가?
③ 동작 실행 중 척추 전만을 유지하였는가?
④ 무릎의 방향과 발의 각도가 일치하는가?

풀 딥 스쿼트

양발의 간격을 어깨너비보다 좁게 위치한 상태에서 머리와 허리를 곧게 유지하며 앉는데 엉덩이의 높이가 무릎보다 아래 위치하도록 한다. 이때 무릎의 방향과 발의 각도는 일치시킨다. 반동을 이용하지 않고 상체를 곧게 유지한 상태에서 처음 동작으로 돌아온다.

평가 기준

① 양발의 간격이 어깨너비보다 좁게 위치하였는가?
② 일어설 때 반동을 이용하거나 상체를 과하게 구부리지 않았는가?
③ 엉덩이의 높이가 무릎보다 아래 위치하도록 깊이 앉았는가?
④ 동작 실행 중 척추 전만을 유지하였는가?

프런트 스쿼트

바벨을 가슴 위에 두고 무게중심을 중간에 두며 상체를 곧게 유지하고 앉았다 일어서는 동작으로 허벅지의 대퇴사두근에 강화하는데 도움이 되는 동작이다.

평가 기준

① 바벨은 쇄골과 어깨로 지탱하고 있는가?
② 가슴과 팔꿈치를 들고 허리는 꼿꼿이 세우고 있는가?
③ 무릎이 발끝을 넘지 않고 있는가?
④ 시선은 정면을 주시하고 있는가?

1. 본인이 자극이 잘 오는 편한 너비로 다리를 벌린 뒤 바벨을 쇄골 위쪽에 위치시키고 팔꿈치를 앞으로 향하게 한다.

2. 허벅지가 지면과 평행이 될 때까지 천천히 무릎을 구부려 자연스럽게 앉고 시선은 살짝 위를 보며 상체를 곧게 유지하면서 천천히 일어나며 1번 동작으로 돌아간다.

CUEING

시선을 밑에 두면 상체가 숙여질 가능성이 높아 허리 부상 위험성이 높음

2 런지

상체를 고정시킨 후에 한쪽 발이 앞으로 나갔다가 다시 제자리로 돌아오는 동작으로 둔근과 허벅지 강화에 좋은 운동이다. 중량을 사용하는 종류로는 바벨 런지, 덤벨 런지가 있다.

바벨 런지

평가 기준

① 앞으로 내딛는 다리의 발바닥이 바닥에 닿도록 했는가?
② 허리와 등을 곧게 편 상태로 유지하고 몸의 균형을 잡았는가?
③ 무릎이 발끝보다 나오지 않게 하였는가?
④ 올라오는 단계에서 숨을 내쉬었는가?
⑤ 동작 중 앞발과 무릎이 일직선을 유지하는가?
⑥ 바벨이 승모근에 위치하고 있는가?

❶ 바벨을 승모근 위에 위치시켜 바벨이 어느 한쪽에 기울어지지 않게 한 상태로 정면을 바라보며 상체를 곧게 편다.

❷ 한발을 앞으로 하면서 호흡을 들이마시고 앞쪽에 나간발로 지면을 밀면서 처음 자세로 돌아오면서 호흡을 쉰다. 양발을 번갈아 가면서 실시한다.

덤벨 런지

상체를 고정시킨 후에 한쪽 발이 앞으로 나갔다가 다시 제자리로 돌아오는 동작으로 둔근과 허벅지 강화에 좋은 운동이다. 중량을 사용하는 종류로는 바벨 런지, 덤벨 런지가 있다.

평가 기준

① 앞으로 내딛는 다리의 발바닥이 바닥에 닿도록 했는가?
② 허리와 등을 곧게 편 상태로 유지하고 몸의 균형을 잡았는가?
③ 무릎이 발끝보다 나오지 않게 하였는가?
④ 올라오는 단계에서 숨을 내쉬었는가?
⑤ 동작 중 앞발과 무릎이 일직선을 유지하는가?
⑥ 덤벨을 양손에 들고 덤벨이 흔들리지 않게 유지하는가?

CUEING

상체의 무게중심은 중간으로 하여 앞발과 무릎이 일직선을 유지하는게 좋으며 무릎이 과하게 앞으로 나가거나 상체가 과하게 뒤로 쳐지지 않게 한다.

※ 런지! 이렇게 해보는건 어떨까? (각자 생각해보기)

- 워킹런지로 하는건 어떨까?
- 런지 동작을 앞이 아닌 뒤로 가면서 해보는건 어떨까?(리버스 런지)

3 데드리프트

코어의 힘을 기르는 전신운동으로 대퇴 후면과 등 전체를 골고루 강화시키는 대표적인 운동임. 운동 자세 및 목적에 따라 발달하는 부위가 달라지므로 타깃하는 부위를 설정하는 것이 포인트임.

컨벤셔널 데드리프트

평가 기준

① 바를 어깨너비 혹은 약간 넓게 잡고 있는가?
② 바벨을 바닥에 완전히 내렸다가 올렸는가?
③ 운동하는 동안 등이 굽지 않도록 곧게 편 자세를 유지하는가?
④ 올리는 동작 시 바벨이 대퇴부에 가까이 위치하여 올려지는가?

1 땅에 있는 바를 오버그립으로 잡은 다음 무릎을 구부리고 고관절을 낮추어 어깨 너비보다 살짝 좁은 스탠스에서 바벨을 잡는다.

2 바벨을 몸쪽에 최대한 붙혀서 스치듯 천천히 들어 올리면서 근육을 수축시킨다. 들어 올린 상태에서는 상체가 너무 뒤로 젖혀지지 않도록 한다. 바벨을 들어올릴 때 호흡을 들이마쉬고 들어올린 후 호흡을 내쉰다음 바벨을 내릴 때 호흡을 다시 들이마쉬면서 반복한다.

CUEING

데드리프트 동작 자체가 허리에 부담이 많이 가는 운동으로 허리가 굽지 않도록 코어의 강한 힘을 주어 상체가 굽혀지지 않도록 한다.

※ 컨벤셔널 데드리프트! 이렇게 해보는건 어떨까? (각자 생각해보기)

- 시작 지점을 바닥이 아닌 지점에서 해보는건 어떨까?

스티프 레그 데드리프트

평가 기준

① 척추 기립근은 펴져 있는가?
② 고개는 들고 정면을 주시하며 동작을 실시하고 있는가?
③ 올리는 동작 시 바벨이 대퇴부에 가까이 위치하여 올려지는가?
④ 동작 수행 간 무릎의 관절은 구부러지지 않는가?

1 양발을 어깨너비보다 살짝 좁게 벌린 상태에서 오버그립 또는 썸리스 그립으로 바를 잡고 상체를 살짝 숙인다.

2 무릎을 편 상태에서 엉덩이를 뒤로 빼고 바를 수직 방향으로 내린다. 동작 시 무게중심은 발 뒤꿈치에 두며 1번 자세로 돌아오면서 뒤꿈치를 밀어낸다는 느낌으로 햄스트링과 둔근의 자극을 받는다.

CUEING

가동범위가 다 나온다면 무릎을 완전히 펴서 하는 것이 좋고 가동범위가 다 나오지 않는다면 무릎을 약간 굽혀서 실시하면 좋다.

※ 스티프 데드리프트! 이렇게 해보는건 어떨까? (각자 생각해보기)

- 가동범위가 나오지 않으면 무릎을 살짝 굽혀서 해보는건 어떨까?
- 바벨이 아닌 덤벨로 하는건 어떨까? (덤벨 스티프 데드리프트)

4 힙 스러스트 및 힙 브릿지

힙 스러스트

벤치나 바닥에 등을 댄 상태에서 하복부 위에 바벨 또는 원판을 올린 후에 엉덩이를 위로 들어 올리는 동작으로 둔근 발달에 좋은 운동이다.

평가 기준

① 벤치에 등을 대고 무릎을 세워 누웠는가?
② 바벨이나 원판을 하복부 위에 올렸는가?
③ 바닥과 수평이 될 때까지 몸통을 올렸는가?
④ 몸통을 올리면서 호흡을 내쉬었는가?

1 상체를 곧게 펴고 벤치에 등을 기대어 바벨을 하복부 위에 세팅한 후에 무릎을 세우고 고관절을 내린다.

2 엉덩이를 위로 들어 올리며 몸통이 지면과 수평이 되도록 둔근을 최대한 수축시키고 호흡을 내쉰다. 1번 동작으로 다시 돌아오면서 호흡을 들이마신다.

CUEING

바벨 또는 원판을 직접적으로 하복부 위에 올려놓으면 아플 수가 있으므로 매트나 수건같은 것을 덧대면 동작에 집중하는데 효과적이다.

힙 브릿지

힙 스러스트와 유사한 동작으로 매트나 바닥에 등을 기대어 양발을 엉덩이 방향으로 구부리고 무릎을 세운 상태에서 엉덩이를 위로 들어 올리는 동작으로 둔근 발달에 좋은 운동이다.

평가 기준

① 천장을 바라보고 누워 양팔은 펴서 손바닥을 바닥에 대고 무릎은 세웠는가?
② 숨을 내쉬면서 엉덩이를 위로 올렸는가?
③ 동작 시 허리를 곧게 펴고 엉덩이에 긴장을 주고 있는가?

1 매트에 등을 기대어 머리와 허리는 곧게 유지한 상태에서 무릎을 세우고 양손은 엉덩이 옆에 위치시킨다.

2 엉덩이를 천천히 또는 빠르게 들어올려 둔근을 최대한 수축시키고 호흡을 내쉰다. 1번 동작으로 다시 돌아오면서 호흡을 들이마쉬고 근육을 이완시킨다.

CUEING

시선을 밑에 두면 상체가 숙여질 가능성이 높아 허리 부상 위험성이 높음

※ 힙 스러스트 및 브릿지! 이렇게 해보는건 어떨까?

- 양쪽 발끝을 바깥쪽으로 돌려서 엉덩이를 올리는 건 어떨까?
- 하복부 위에 중량을 많이 들 때 패드를 대고 하면 어떨까?

5 덩키킥

엎드린 자세로 한쪽 다리를 수평이 되도록 다리를 들어 올려 대둔근을 발달시키는 운동이다.

평가 기준

① 엎드린 자세로 한쪽 다리의 허벅지가 수평이 되도록 들어 올리는가?
② 골반이 바닥과 수평이 되도록 유지하였는가?
③ 골반이 틀어지지 않도록 중심을 잡고 있는가?

1 엎드린 자세로 머리와 허리를 일직선을 만든다.

2 골반과 허벅지는 지면과 수평이 되도록 한 상태에서 한쪽 발을 뒤로 뻗으며 대둔근을 최대한 수축시킨다. 이후 다시 처음 자세로 돌아온다.

CUEING

골반을 틀지 않고 상체를 지면과 수평을 유지한다.

※ 덩키 킥! 이렇게 해보는건 어떨까? (각자 생각해보기)

- 매트가 아닌 벤치에 기대고 하는건 어떨까?
- 밴드를 이용하거나 케이블에 발을 걸어서 이용해보는건 어떨까?

6 카프레이즈

탄탄하고 선명한 종아리 근육을 발달시키는 운동으로 바벨 또는 덤벨 무게를 이용하여 발꿈치를 들어올리는 동작이다.

평가 기준

① 앉은 상태로 발뒤꿈치를 최대한 들어 올리고 있는가?
② 발뒤꿈치가 지면에 닿기 전에 다시 올리는가?

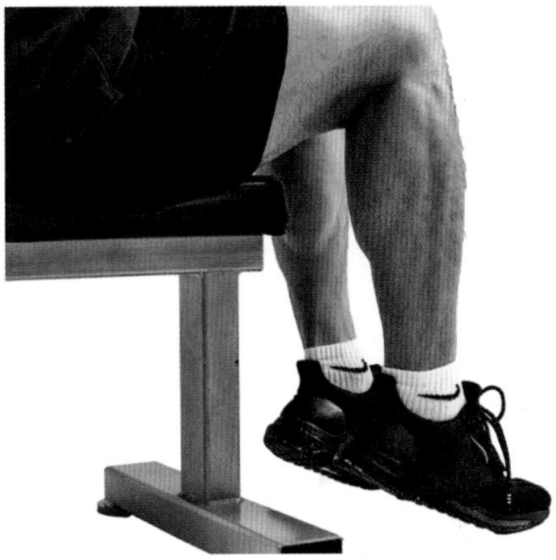

덤벨을 양손으로 잡은 다음 양쪽 허벅지에 올려 놓고 발뒤꿈치를 들어 올려 종아리를 수축시킨다.

CUEING

무릎이 흔들리지 않도록 고정하고 발뒤꿈치만 움직이도록 한다. 종아리(비복근) 근육은 무거운 중량 운동 시 도움을 주므로 틈틈이 수행한다.

※ 카프레이즈! 이렇게 해보는건 어떨까? (각자 생각해보기)

- 바벨을 등에 올리고 실시해보는건 어떨까?
- 무릎을 살짝 굽히고 발꿈치를 들어올리는건 어떨까?

실기동작

CHAPTER 02.

복근

| 복근 |

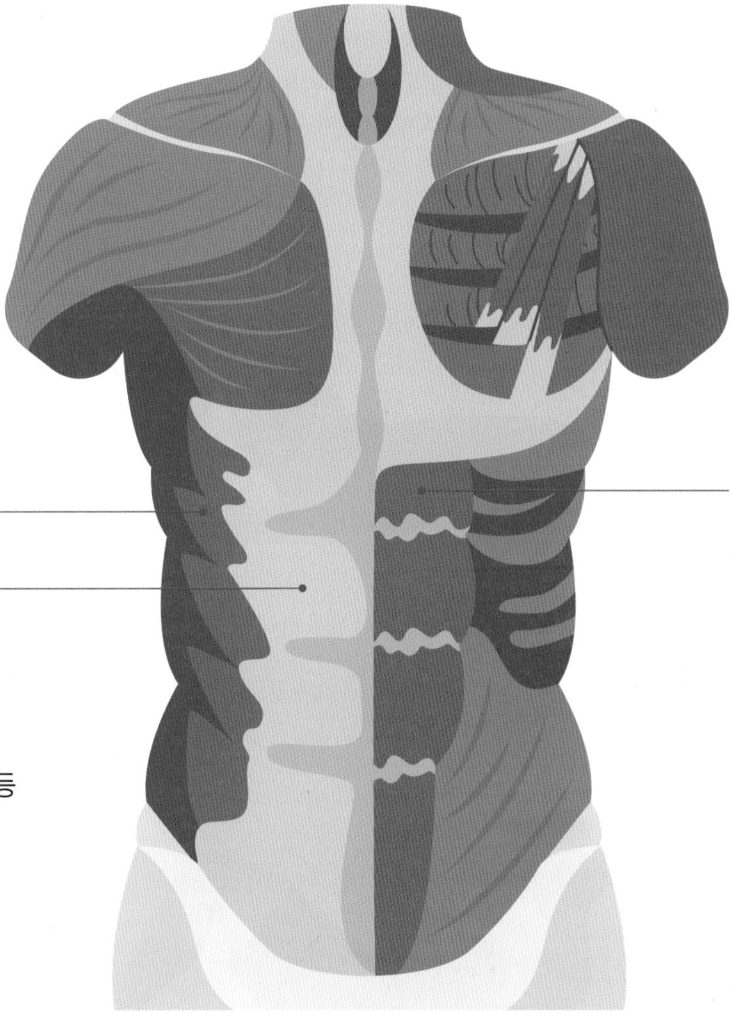

외복사근

내복사근

몸통을 굽히거나
회전하는 기능
-오브리크 크런치
-덤벨 사이드 밴드 등

복직근

골반을 고정시에는
상체를 앞으로 숙이는,
상체가 고정시에는
골반의 위쪽이 뒤로
기울여지는 기능
- 크런치
- 레그레이즈
- V싯업 등

1 크런치

매트 또는 벤치에 누워 양손을 머리 뒤에 위치시킨 후 머리와 몸통을 곧게 유지하며 상체를 일으켜 세우는 동작으로 복직근 발달에 대표적인 운동이다.

평가 기준

① 목을 고정된 상태에서 상체를 숙였는가?
② 양어깨가 바닥에 닿지 않을 정도까지 내렸는가?
③ 들어 올리는 단계에서 몸통의 반동을 이용하지 않았는가?
④ 양손을 머리에서 떨어뜨리지 않고 운동을 실시하였는가?
⑤ 허리를 바닥에서 떨어뜨리지 않았는가?

1 매트에 누워 양손을 머리 뒤에 위치시킨 후 머리와 허리를 곧게 유지한다.

2 상체를 천천히 위로 올리며 복직근을 수축시킨다. 양손은 머리에서 떨어뜨리지 않으며 몸의 반동을 이용하지 않고 천천히 내리며 이때 양어깨가 바닥에 닿지 않게 한다.

오블리크 크런치

평가 기준

① 목이 고정된 상태에서 상체를 숙였는가?
② 양어깨가 바닥에 닿지 않을 정도까지 내렸는가?
③ 들어 올리는 단계에서 몸통의 반동을 이용하지 않았는가?
④ 손을 머리에서 떨어트리지 않고 운동을 실시하였는가?

크런치와 같이 유지한 상태에서 상체는 정면을 주시하고 하체는 측면을 향하도록 위치시킨 상태에서 상체를 천천히 위로 올린다. 몸의 반동을 이용하지 않고 천천히 내리며 양어깨가 바닥에 닿지 않게 한다.

리버스 크런치

평가 기준

① 숨을 내쉬며 엉덩이가 바닥에서 떨어질 때까지 올렸는가?
② 양어깨와 등 상부를 바닥과 밀착시켰는가?
③ 발끝이 바닥에 닿지 않을 정도까지 천천히 내렸는가?
④ 올리는 단계에서 숨을 내쉬었는가?
⑤ 무릎 관절을 90도 구부리며 하는가?

매트에 눕고 양손은 허벅지 옆에 위치시키며 양발을 들고 무릎을 90도로 구부린후 엉덩이를 위로 천천히 들어 올리며 복직근을 수축시킨다. 이후 엉덩이를 천천히 내리며서 원래 자세로 돌아온다.

CUEING

목을 과도하게 구부리지 않고 또한 과도하게 들어 올리지 않도록 한다. 목을 고정한 상태에서 반동을 이용하지 않고 천천히 복직근의 자극을 느끼며 실시한다.

2 레그 레이즈

매트 또는 벤치에 누워 양손을 허벅지 옆에 위치시키고 양발을 펴서 다리가 90도가 될 때까지 올리는 동작으로 복직근을 강화시키는 대표적인 운동이다.

평가 기준

① 숨을 내쉬며 양발이 바닥과 90도를 이룰 때까지 올렸는가?
② 양어깨와 등 상부를 바닥과 밀착시켰는가?
③ 발끝이 바닥에 닿지 않을 정도까지 천천히 내렸는가?
④ 올리는 단계에 숨을 내쉬었는가?

1 매트에 누워 양손을 허벅지 옆에 위치시키고 상체를 지면과 밀착시킨다.

2 양발을 천천히 들어 올리며 복직근을 수축시키고 양발이 지면과 90도가 될 때까지 발을 들어올린 후 다시 내릴때는 발끝이 지면에 닿지 않도록 천천히 내린다.

CUEING

골반이 아프다면 복부의 힘이 아닌 다른 곳에 힘이 들어가는 것이다. 하복부쪽에 자극이 올 수 있도록 집중한다.

※ 레그 레이즈! 이렇게 해보는건 어떨까? [각자 생각해보기]

- 철봉에 매달려서 하는건 어떨까?(행잉 레그레이즈)
- 벤치에 누워서 하는건 어떨까?(벤치 레그레이즈)

3 시티드 니업

매트에 앉아 양손은 엉덩이 옆 또는 뒤에 위치시키고 상체는 고정시킨 이후 무릎을 구부려 가슴 방향으로 당기는 동작으로 복직근 강화에 효과적이다.

평가 기준

① 앉아서 상체를 고정시키고 무릎을 구부리는가?
② 발이 땅에 닿지 않게 운동하는가?
③ 발끝이 바닥에 닿지 않을 정도까지 천천히 내렸는가?
④ 올리는 단계에 숨을 내쉬었는가?

❶ 매트에 누워 허리를 곧게 유지하며 엉덩이 옆 또는 뒤에 무릎을 가볍게 구부린다.

❷ 두 다리를 가슴방향으로 당기면서 복직근을 수축시킨 후 내릴 때는 발끝이 지면에 닿지 않도록 천천히 내린다.

CUEING

정확하게 복직근의 자극을 주려면 상체를 고정시킨 후 다리를 가슴 방향으로 끌어올려야한다.

※ 시티드 니업! 이렇게 해보는건 어떨까? (각자 생각해보기)

- 벤치에서 실시하는건 어떨까?

4 V자 싯업

매트에 누워 머리와 허리를 곧게 편 상태에서 양팔과 두다리를 동시에 위로 들어 올리며 V자 모양을 만드는 것으로 복직근 발달에 효과적이다.

평가 기준

① 다리와 상체를 동시에 올렸는가?
② 양다리와 양팔을 천천히 내렸는가?
③ 팔과 다리가 구부러지지 않고 펴져 있는가?
④ 올리는 단계에서 숨을 내쉬었는가?

1 매트에 누운 상태에서 머리와 허리를 곧게 편 상태에서 상체를 지면과 밀착시킨 후 양손을 머리 위로 들어 올린다.

2 다리와 상체를 동시에 들어 올려 V자 모양을 만들며 복직근을 수축시킨 후 처음 동작으로 천천히 돌아온다.

CUEING

팔과 다리가 구부러지지 않게 모두 편 상태에서 동작을 수행해야 복직근의 강한 자극을 줄 수 있다.

※ V자 싯업! 이렇게 해보는건 어떨까? (각자 생각해보기)

- 벤치에서 실시하는건 어떨까?

5 덤벨 사이드 밴드

한손에 덤벨을 잡고 허벅지 옆에 위치시켜 상체를 기울이는 동작으로 내·외복사근 발달에 효과적인 운동이다.

평가 기준

① 덤벨을 옆구리에 밀착시키는가?
② 엉덩이가 앞뒤로 흔들리지 않게 통제하는가?
③ 덤벨이 몸에서 멀어지지 않도록 운동하고 있는가?
④ 엉덩이가 좌우로 과도하게 움직이지 않는가?

1. 어깨너비로 서서 허리를 곧게 유지한 상태에서 한 손에 덤벨을 잡고 허벅지 옆에 위치시키고 다른 한 손은 머리 뒤쪽에 위치시킨다.

2. 덤벨을 잡고 있는 방향으로 몸통을 천천히 기울이며 내 · 외복사근을 수축시킨 이후 상체를 처음상태로 이동한다. 이때 엉덩이가 좌우로 흔들리지 않도록 하고 덤벨이 몸에서 멀어지지 않도록 한다.

CUEING

엉덩이가 앞뒤 또는 좌우로 흔들리지 않도록 고정시키고 몸을 기울이는게 중요하다. 덤벨이 몸에서 멀어지지 않도록 주의한다.

※ 덤벨 사이드 밴드! 이렇게 해보는건 어떨까? (각자 생각해보기)

- 덤벨이 없다면 원판으로 해보는건 어떨까?

6 플랭크

양팔의 전완부분과 양발로 몸을 일자로 엎드린 상태로 지탱하며 복직근을 강화시키는 동작이다.

평가 기준

① 엎드린 자세에서 양팔의 전완부와 양발로 지지하며 자세를 유지하였는가?
② 몸통을 일직선으로 유지하였는가?
③ 자세를 유지하는 동안 몸통이 흔들리지 않았는가?

1 양팔의 상완이 지면과 수직인 상태를 하고 엎드린 자세를 하며 몸통은 일직선을 유지한다.

2 복근과 척추기립근을 이용하여 몸통을 들어 올리며 위아래로 흔들리지 않도록 유지한 상태에서 호흡은 자연스럽게 들이마시고 내뱉는다.

사이드 플랭크

평가 기준

① 옆으로 누운 자세에서 한쪽 팔의 전완부와 한쪽 발로 자세를 취하였는가?
② 몸통을 일직선으로 유지하였는가?
③ 자세를 유지하는 동안 몸통이 흔들리지 않았는가?

1 한쪽 팔의 전완부로 지면을 지지한 상태에서 옆으로 일직선을 유지한 상태로 누운다.

2 골반을 들어올리며 자세를 유지하고 몸통이 흔들리지 않도록 하며 호흡은 자연스럽게 들이마시고 내뱉는다.

CUEING

몸통을 일직선으로 유지하고 고정시키는게 중요하다.

7 업도미널 힙 스러스트

매트 또는 벤치에 누워서 양손을 몸통 옆에 밀착시킨 다음 두 다리를 펴서 수직으로 복근 힘을 이용하여 올리는 동작이다. 복직근 강화에 효과적이다.

평가 기준

① 바닥에 등을 대고 누워서 두 팔을 몸통 옆 바닥에 밀착 시켰는가?
② 두 다리를 펴고 수직으로 올렸는가?
③ 무릎을 핀 상태로 천정을 향해 힙과 발바닥을 똑바로 들어 올렸는가?
④ 하복부를 위로 올리면서 호흡을 내쉬었는가?

1 매트에 누워서 등을 붙이고 머리와 허리를 곧게 유지한 상태에서 양손을 몸통 옆에 밀착시키고 두 다리를 펴서 곧게 수직으로 올린다.

2 두다리를 수직으로 올리면서 복직근을 강하게 수축시키며 호흡을 내쉬고 처음 동작으로 돌아온다.

CUEING

허리 힘으로 들어올리려고 하기보다 복직근의 힘을 이용해 다리를 수직으로 강하게 수축시키는게 좋다.

실기동작

CHAPTER 03.

가슴

| 가슴 |

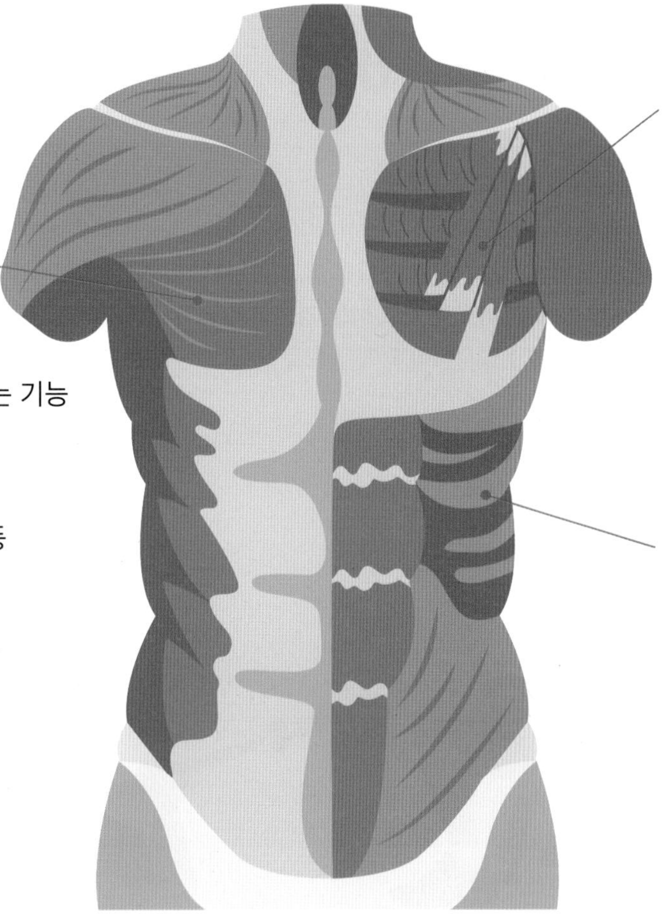
대흉근
팔을 안쪽으로
모으는, 팔로
던지는 또는 미는 기능
- 벤치프레스
- 덤벨플라이
- 덤벨 풀오버 등
소흉근
어깨를 앞으로
모아 몸을
움츠리는 기능
- 벤치프레스
- 덤벨플라이
전거근
견갑골을 밖으로
돌리고 흉곽에
밀착시켜 앞으로
미는 기능
- 벤치프레스
- 덤벨 풀오버

1 벤치프레스

가슴 전체 근육을 발달시킬 수 있는 가장 대표적인 운동으로 벤치에 등을 기대고 바벨 또는 덤벨을 중력에 대항하면서 들어올려 가슴근육을 수축시킨다. 바벨을 이용할 때는 중량을 더 많이 올릴 수 있고 덤벨을 이용할 때는 가동범위를 더 크게 가져갈 수 있다.

바벨

평가 기준

① 바벨을 어깨너비보다 넓게 잡았는가?
② 벤치에 머리, 어깨, 엉덩이가 밀착되어 있는가?
③ 그립은 오버핸드 그립으로 정확히 잡고 있는가?
④ 바가 수직으로 보이도록 눕고 턱을 가슴으로 당겨 고정되어 있는가?
⑤ 팔꿈치와 어깨가 일직선이 되게 옆으로 펴고 손목이 뒤로 꺾이지 않았는가?

1 벤치에 누워 양발을 바닥에 접지를 시킨다음 오버그립으로 바를 어깨너비 반큼보다 살짝 넓게 잡는다. 견갑근을 모아 몸이 흔들리지 않게 고정한 다음 가슴과 팔꿈치가 수평을 이루도록 한다.

2 내릴 때 가슴에 긴장이 풀리지 않도록 하며 바가 가슴 중앙에 오도록 천천히 내린다. 팔꿈치를 피면서 가슴 근육을 수축시키며 1번 동작으로 돌아간다. 바를 내리는 팔꿈치의 각도는 5~10도 정도를 몸 안쪽으로 되도록 한다.

덤벨

평가 기준

① 어깨는 고정되어 있는가?
② 덤벨을 올릴 때 가슴을 수축하고 있는가?
③ 팔은 정확히 밀고 있는가?
④ 호흡은 바를 내릴 때 들이마시고 올릴 때 내뱉고 있는가?

벤치에 누워 양발을 바닥에 접지를 시킨다음 오버그립으로 덤벨을 잡고 견갑을 모아 흔들리지 않게 고정하여 다음 동작을 실시한다. 가슴 근육의 긴장을 유지한 상태로 동작을 반복한다.

CUEING

허리가 과도하게 들리지 않게하고 손목의 힘을 최소화 하도록 한다.
바벨 또는 덤벨을 내릴 때 팔꿈치가 어깨보다 과하게 내려갈 경우 부상의 위험이 있다.

※ 벤치프레스! 이렇게 해보는건 어떨까? (각자 생각해보기)

- 팔꿈치를 완전히 다 펴지 않는건 어떨까?
- 벤치 각도를 인클라인으로 하는건 어떨까?
- 벤치 각도를 디클라인으로 하는건 어떨까?
- 덤벨을 하나씩 프레스하는건 어떨까?
- 바를 좁게 잡으면 어느 부위에 자극이 올까?

2 덤벨 플라이

가슴 안쪽 근육을 발달시키기 좋은 운동이며 벤치 또는 매트에 등을 기대어 덤벨을 들고 양팔을 넓게 벌린 다음 가슴 앞으로 모아주는 동작이다.

평가 기준

① 어깨는 고정되어 있는가?
② 덤벨을 올릴 때 가슴을 수축하고 있는가?
③ 주관절의 굽힘 정도가 적정한가?

❶ 벤치에 누워 양발을 바닥에 접지를 시킨다음 양팔을 넓게 벌린 후 덤벨을 오버그립으로 잡고 흔들리지 않게 손목을 고정한다. 그리고 견갑을 모아 몸이 흔들리지 않게 고정한다.

❷ 팔을 원을 그린다는 느낌으로 가슴 앞으로 덤벨을 모아주면서 근육을 수축시킨다.

CUEING

팔꿈치와 손목이 움직이지 않도록 고정해야 한다. 내리는 동작 시 팔꿈치가 과도하게 내려갈 경우 어깨에 부상위험이 있어 통증이 오지 않는 선에서 자극이 잘 오는 지점을 찾는게 중요하다. 덤벨이 서로 부딪히게 되면 중심이 흔들릴 수 있으므로 부딪히지 않게 주의한다.

※ 덤벨 플라이! 이렇게 해보는건 어떨까? (각자 생각해보기)

- 팔꿈치를 완전히 다 펴지 않는건 어떨까?
- 벤치 각도를 인클라인으로 하는건 어떨까?
- 덤벨을 하나씩 플라이하는건 어떨까?

3 푸쉬업

본인의 체중을 이용해 가슴 근육을 발달시키는 대표적인 운동이다. 손의 위치에 따라 발달되는 부위가 달라질 수 있음. 팔을 어깨 너비만큼 벌린다음 몸이 바닥과 일직선을 유지하며 위 아래로 올리고 내리는 동작이다.

평가 기준

① 그립은 어깨너비로 위치하였는가?
② 내리는 단계에 팔꿈치가 몸통에서 멀어지지 않고 있는가?
③ 올리는 단계에 삼두근의 수축이 일어나는가?
④ 운동하는 동안에 몸통이 고정되어 있는가?
⑤ 머리, 어깨, 골반, 무릎, 발목 일직선을 유지하는 가?

스탠다드

1 바닥(또는 매트)에 양손을 어깨너비만큼 벌려 바닥을 짚고 팔꿈치와 무릎을 완전히 펴서 엎드린다. 이때 엉덩이에 힘을 주어 몸이 흔들리지 않게 히고 손은 어깨 바로 밑에 둔다.

2 팔꿈치를 구부리면서 가슴에 긴장이 풀리지 않도록 집중하며 바닥에 닿기 전까지 내려준다. 내려갈 때도 몸은 일직선을 유지해야 하며 다시 몸을 천천히 들어 올려 1번 자세로 돌아간다.

와이드

양손을 어깨너비보다 넓게 벌려서 가슴에 긴장이 풀리지 않도록 유지한 상태에서 몸이 흔들리지 않게 하고 바닥에 닿기 전까지 내려 간 다음 다시 몸을 천천히 들어 올린다.

크로즈

양손을 어깨너비보다 좁게 벌려서 가슴에 긴장이 풀리지 않도록 유지한 상태에서 몸이 흔들리지 않게 하고 바닥에 닿기 전까지 내려 간 다음 다시 몸을 천천히 들어 올린다.

CUEING

손에 위치에 따라 근육에 타겟되는 부위가 달라진다. 팔을 바깥쪽으로 벌리면 가슴 바깥쪽에 타겟이, 안쪽으로 짚으면 가슴 안쪽과 삼두에 타겟이 된다. 몸통에 비해 엉덩이가 올라오지 않도록 일직선을 항상 유지하면서 동작을 수행한다.

※ 푸쉬업! 이렇게 해보는건 어떨까? (각자 생각해보기)

- 한쪽 다리를 벤치에 올려놓고 해보는건 어떨까?
- 등 위에 중량을 올려놓고 해보는건 어떨까?
- 팔의 위치를 다르게 해보는건 어떨까?

4 덤벨 풀오버

가슴 근육 발달에 좋은 운동으로 덤벨을 양손으로 잡고 팔꿈치와 손목을 고정한 상태에서 흉곽을 확장시키면서 대흉근과 광배근의 긴장을 유지하며 실시한다.

평가 기준

① 양발이 어깨너비로 고정이 되어 있는가?
② 팔꿈치 관절을 충분히 연 상태에서 수직이 되도록 팔을 올리는가?
③ 팔이 바닥과 평행이 될 때까지 내리는가?
④ 덤벨이 가슴 앞쪽으로 오면서 호흡을 내쉬는가?

❶ 벤치에 등을 기댄 상태에서 덤벨을 양손으로 모아 잡고 팔꿈치와 손목을 고정한 상태에서 덤벨을 가슴 위로 들어올린다,

❷ 가슴근육이 이완되게 머리 위쪽 방향으로 덤벨을 끌어 내린다. 이때 가슴근육과 광배근에 긴장이 풀리지 않은 상태에서 내려가며 첫 번째 동작으로 가슴을 수축시키며 돌아온다.

CUEING

어깨 관절을 이용하여 덤벨을 내리고 올려야 하며 손목과 팔꿈치는 반드시 고정되어야 한다.
가슴근육에 집중하며 이완과 수축을 해야한다.

※ 덤벨 풀오버! 이렇게 해보는건 어떨까? (각자 생각해보기)

- 수축 동작시 광배근에 집중해서 풀오버 동작을 해보는건 어떨까?

실기동작

CHAPTER 04.

팔

| 팔 |

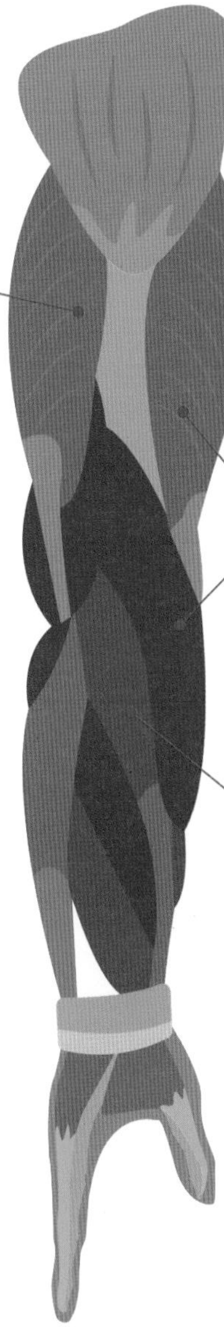

상완삼두근
팔꿈치를 펴는 기능
익스텐션 동작
- 라잉 트라이셉스 익스텐션
- 원암 덤벨 트라이셉스 익스텐션 등

상완이두근 및 상완요골근
팔꿈치를 굽히는 기능
컬 동작
- 바벨컬
- 덤벨컬
- 해머컬 등

전완근
손목을 위로 '올렸다, 내렸다' 하는
손목을 엎었다(회내)
뒤집었다(회외)하는 기능
- 덤벨 리스트컬
- 바벨 리버스 리스트컬

1 컬 동작

컬 동작은 팔 또는 전완을 접었다 폈다 하면서 이두근 및 전완근을 발달시키는 대표적인 동작들이다. 바벨 또는 덤벨에 따라, 한손으로 또는 두손에 따라, 앉아서 하는지 일어서서 하는지에 따라 다양한 동작들로 수행할 수 있다. 모든 동작들의 원리는 모두 비슷하고 디테일한 부분에서 차이가 있으므로 본인 취향대로 다양하게 실시할 수 있다.

1·1 상완이두근 및 상완요골근(팔을 굽히는 동작)

바벨 컬

평가 기준

① 바를 잡는 양손의 간격이 어깨너비 정도인가?
② 팔꿈치가 어깨 뒤로 빠지지 않게 하고 있는가?
③ 팔꿈치가 움직이지 않도록 고정시키고 있는가?
④ 바를 들어 올릴 때 호흡을 내쉬고 있는가?

❶ 어깨너비만큼 발을 벌리고 바벨을 언더 그립으로 어깨너비만큼 잡고 허벅지 앞에 위치시킨다.

❷ 팔꿈치를 고정시키고 이두근의 힘만으로 팔꿈치를 접어서 바벨을 들어 올려 이두근을 수축한다. 이후에는 천천히 버티면서 팔꿈치를 펴서 처음 동작으로 돌아온다.

덤벨 컬

평가 기준

① 팔꿈치가 어깨 뒤로 빠지지 않게 하고 있는가?
② 팔꿈치가 움직이지 않도록 고정시키고 있는가?
③ 덤벨을 올릴 때 호흡을 내쉬고 있는가?

어깨너비만큼 발을 벌리고 덤벨을 언더그립으로 양손에 잡고 허벅지 옆쪽에 위치시킨다. 팔꿈치를 고정시키고 이두근의 힘만으로 덤벨을 올려 이두근을 수축시킨다. 이후 긴장을 풀지 않고 천천히 버티면서 처음 자세로 돌아온다.

컨센트레이션 컬

평가 기준

① 덤벨을 잡고 벤치에 앉아있는가?
② 팔꿈치를 대퇴부 안쪽에 고정하였는가?
③ 숨을 내쉬면서 팔꿈치를 구부려 전완을 들어 올리며 다시 시작 자세로 돌아오며 숨을 들이마시는가?

벤치에 앉아 허벅지 안쪽에 덤벨을 언더그립으로 잡고 팔꿈치를 고정 시킨다. 어깨와 팔꿈치가 완전히 고정된 상태에서 이두근의 힘을 덤벨을 올리고 잠깐 멈췄다가 천천히 버티면서 처음 자세로 돌아온다.

해머 컬

평가 기준

① 덤벨을 뉴트럴그립으로 잡았는가?
② 팔꿈치가 어깨 뒤로 빠지지 않게 하고 있는가?
③ 팔꿈치가 움직이지 않도록 고정시키고 있는가?
④ 덤벨을 올릴 때 호흡을 내쉬고 있는가?

양발을 어깨너비로 벌리고 서서 양팔을 허벅지 옆에 위치시키고 덤벨을 뉴트럴 그립으로 잡는다. 양 팔꿈치와 어깨를 고정시키고 위로 망치질하듯이 들어 올린다. 이후에는 천천히 버티면서 처음 자세로 돌아온다.

리버스 바벨컬

평가 기준

① 서서 오버 그립으로 바벨을 잡았는가?
② 숨을 내쉬면서 팔꿈치를 굽혀 바벨을 들어 올리고 다시내리면서 숨을 들이마시는가?
③ 팔꿈치가 움직이지 않도록 고정시키고 있는가?

1. 어깨 너비로 발을 벌리고 허리를 곧게 유지한 상태에서 오버핸드 그립으로 어깨 너비만큼 바벨을 잡고 허벅지 앞에 위치시킨다. 상완을 몸에 붙이고 팔꿈치를 고정시킨다.

2. 바벨을 천천히 위로 들어 올리면서 이두근을 수축시킨다. 올릴 때는 반동을 최소화화여 진행하고 내릴 때는 천천히 버티면서 처음 자세로 돌아온다.

얼티네이트 덤벨컬

평가 기준

① 팔꿈치가 어깨 뒤로 빠지지 않게 하고 있는가?
② 팔꿈치가 움직이지 않도록 고정시키고 있는가?
③ 덤벨을 올릴 때 호흡을 하고 있는가?
④ 양팔을 교대로 들어 올리는가?

어깨 너비로 발을 벌리고 양손을 언더핸드 그립으로 덤벨을 잡은 다음 한쪽씩 번갈아가면서 덤벨을 천천히 위로 올리면서 근육을 수축시킨다. 반동은 이용하지 않고 처음 동작 천천히 돌아온다.

얼티네이트 해머컬

평가 기준

① 덤벨을 뉴트럴그립으로 잡았는가?
② 팔꿈치가 어깨 뒤로 빠지지 않게 하고 있는가?
③ 팔꿈치가 움직이지 않도록 고정시키고 있는가?
④ 덤벨을 올릴 때 호흡을 하고 있는가?
⑤ 양팔을 교대로 들어 올리는가?

어깨 너비로 발을 벌리고 양손을 뉴트럴 그립으로 덤벨을 잡은 다음 한쪽씩 번갈아가면서 덤벨을 천천히 위로 올리면서 근육을 수축시킨다. 반동은 이용하지 않고 처음 동작 천천히 돌아온다.

스쿼팅 바벨컬

평가 기준

① 발의 위치와 바벨을 잡은 양손 간격은 어깨너비 정도인가?
② 팔꿈치 뒷부분 위치가 양 무릎 위에 적당히 위치하는가?
③ 동작 시 앉은 스쿼트 자세와 상체 부분이 반동 없이 고정유지 하는가?
④ 바벨을 얼굴 쪽으로 당길 시 숨을 내쉬고 천천히 원위치로 내리는가?

스쿼트 자세를 잡고 상체를 곧게 유지한 상태로 언더핸드 그립으로 바벨을 잡는다. 상체에 반동이 생기지 않도록 무릎에 팔꿈치를 대어 고정시킨 후 바벨을 들어올리며 근육을 수축시킨다. 내릴 때는 천천히 버티면서 처음 자세로 돌아온다.

CUEING

어깨와 팔꿈치가 과도하게 움직이지 않도록 고정하여 실시한다.
덤벨 또는 바벨을 들어올릴 때 과하게 몸이 뒤로 젖혀지지 않도록 한다. 바벨컬 동작 시 손목에 부담이 갈 경우에는 EZ바를 이용하도록 한다.

※ 상완이두근을 키우는 컬동작! 이렇게 해보는건 어떨까? (각자 생각해보기)

- 벤치에 기대거나 앉아서 동작을 해보는건 어떨까?
- 덤벨이나 바벨로 이두근을 수축시킬 때 마지막 지점에 팔꿈치를 올려서 최대 수축을 가져보는건 어떨까?

1·2 전완근(손목을 위로 올렸다 내리는 동작)

바벨 리스트 컬

평가 기준

① 벤치에 앉거나 대퇴부에 팔을 올려놓은 다음 언더그립으로 바벨을 잡았는가?
② 숨을 내쉬며 손목을 올리고, 손목을 내리면서 숨을 들이쉬는가?
③ 팔꿈치가 움직이지 않도록 고정시키고 있는가?

❶ 바벨을 이용하여 전완근을 발달시키는 대표적인 운동으로 허벅지 앞에 바벨을 언더그립으로 잡은 후 손목을 아래로 내린다.

❷ 손목을 위로 구부리면서 손바닥이 몸통을 향하도록 바벨을 감아올린다. 이후에는 천천히 내리면서 처음 자세로 돌아온다.

바벨 리버스 리스트 컬

평가 기준

① 벤치에 앉거나 대퇴부에 팔을 올려놓은 다음 오버그립으로 바벨을 잡았는가?
② 숨을 내쉬며 손목을 올리고, 손목을 내리면서 숨을 들이쉬는가?
③ 운동 중 전완부가 움직이지 않도록 안정적으로 고정되어 있는가?

벤치에 앉아서 대퇴부에 팔꿈치와 전완부분을 고정시킨 후 오버 그립으로 바벨을 잡는다. 손목으로 바벨을 위로 올리며 근육을 수축시킨다. 이후에는 처음 자세로 돌아온다.

덤벨 리스트 컬

평가 기준

① 벤치에 앉거나 대퇴부에 팔을 올려놓은 다음 언더그립으로 덤벨을 잡았는가?
② 숨을 내쉬며 손목을 올리고, 손목을 내리면서 숨을 들이쉬는가?
③ 팔꿈치가 움직이지 않도록 고정시키고 있는가?

벤치에 앉아서 대퇴부에 팔꿈치와 전완부분을 고정시킨 후 언더 그립으로 덤벨을 잡고 손목을 이용하여 들어 올린다. 반동을 최소화하며 동작을 수행하며 이후에는 처음 자세로 돌아온다.

덤벨 리버스 리스트 컬

평가 기준

① 벤치에 앉거나 대퇴부에 팔을 올려놓은 다음 오버그립으로 덤벨을 잡았는가?
② 숨을 내쉬며 손목을 올리고, 손목을 내리면서 숨을 들이쉬는가?
③ 운동 중 전완부가 움직이지 않도록 안정적으로 고정되어 있는가?

벤치에 앉아서 대퇴부에 팔꿈치와 전완부분을 고정시킨 후 오버 그립으로 덤벨을 잡는다. 손목으로 바벨을 위로 올리며 근육을 수축시킨다. 이후에는 처음 자세로 돌아온다.

CUEING

팔꿈치와 어깨를 고정시키고 반동을 최소화하여 진행한다.

2 익스텐션 동작

익스텐션은 팔을 펴주면서 삼두근을 발달시키는 대표적인 동작들이다. 바벨 또는 덤벨에 따라, 한손으로 또는 두손에 따라, 앉아서 하는지 일어서서 하는지에 따라 다양한 동작들로 수행할 수 있다. 모든 동작들의 원리는 모두 비슷하고 디테일한 부분에서 차이가 있으므로 본인 취향대로 다양하게 실시할 수 있다.

라잉 바벨 트라잉셉스 익스텐션

평가 기준

① 가슴은 들고 척추는 정상 만곡을 유지하고 있는가?
② 양손의 간격을 어깨너비보다 좁게 하고 있는가?
③ 바벨을 머리 쪽으로 내리고 있는가?
④ 바벨을 잡은 팔이 지면과 수직이 되도록 하였는가?
⑤ 바를 내릴 때 숨을 들이마시고 올릴 때 내뱉고 있는가?

❶ 벤치에 누워 양발을 바닥에 완전히 밀착시켜 바를 좁게 오버그립으로 잡는다.

❷ 바가 머리 쪽으로 오도록 팔꿈치를 90도로 접었다가 팔을 펴주면서 삼두근을 수축시킨다. 이후 천천히 처음자세로 돌아온다.

스탠딩 바벨 트라이셉스 익스텐션

평가 기준

① 서서 허리는 곧게 세우며 펴고 있는가?
② 양손의 간격을 어깨너비보다 좁게 하고 있는가?
③ 바벨을 머리 뒤쪽으로 내리고 있는가?
④ 바벨을 잡은 상완이 지면과 수직이 되도록 하였는가?
⑤ 바벨을 내릴 때 숨을 들이마시고 올릴 때 내뱉고 있는가?

1 머리와 허리를 곧게 유지한상태에서 좁게 섬리스 그립으로 바벨을 잡고 천천히 머리 뒤로 내린다.

2 양팔의 팔꿈치를 펴면서 머리 위로 들어 올리며 삼두근의 수축을 느낀다. 이후에는 천천히 버티면서 처음자세로 돌아온다.

시티드 트라이셉스 익스텐션

평가 기준

① 앉아서 허리는 곧게 세우며 펴고 있는가?
② 양손의 간격을 어깨너비보다 좁게 하고 있는가?
③ 바벨을 머리 뒤쪽으로 내리고 있는가?
④ 바벨을 잡은 상완이 지면과 수직이 되도록 하였는가?
⑤ 바벨을 내릴 때 숨을 들이마시고 올릴 때 내뱉고 있는가?

벤치에 앉아 머리와 허리를 곧게 유지한 상태에서 섬리스 그립으로 바벨을 잡고 머리 뒤로 넘겨 천천히 피면서 삼두근의 수축을 느끼며 돌아온다.

원암 덤벨 오버헤드 트라이셉스 익스텐션

평가 기준

① 팔꿈치가 고정이 되어 있는가?
② 덤벨이 내려갈 때 팔꿈치의 각도가 90도까지 내리는가?
③ 팔꿈치를 펼 때 호흡을 내쉬는가?

양손에 덤벨을 들고 허벅지 앞에 위치시킨 후 머리와 허리를 곧게 유지한 상태에서 팔꿈치를 바깥쪽으로 향하게 하고 위로 들어올리며 삼각근을 수축시킨다. 이후 원래 자세로 돌아온다.

CUEING

손목 힘을 이용해서 올린다는 느낌보다는 팔꿈치를 이용해서 들어 올린다는 느낌으로 수행한다.
몸통은 고정하여 흔들리지 않도록 수행한다.

3 덤벨 킥백

머리와 허리를 곧게 유지하고 상완 부위가 지면과 평행이 되도록 상체를 숙인 후에 전완 부위만의 움직임으로 실시하는 동작으로 상완삼두근 발달에 효과적인 운동이다.

평가 기준

① 운동 중 상완은 바닥과 수평인 상태를 유지하는가?
② 팔꿈치는 몸통에서 붙인 상태를 유지하는가?
③ 등은 곧게 편 상태를 유지하는가?
④ 발은 바닥에 밀착시켰는가?

1. 덤벨을 쥐고 서서 덤벨을 잡은 쪽 다리는 뒤로하고 반대쪽 다리는 무릎을 굽혀 무게 중심을 잡고 덤벨을 든 팔꿈치는 몸통에 붙인다. 반대쪽 팔을 무릎에 올려 지탱한다.
2. 그대로 팔꿈치를 뒤쪽으로 곧게 펴서 덤벨을 들어올리며 삼두근을 수축 시키고 천천히 처음 동작으로 돌아간다.

CUEING

상체는 항상 중립을 유지하며 팔꿈치를 확실하게 고정하여 삼두근에 자극을 준다.
또한 팔꿈치가 몸에서 너무 멀리 떨어지지 않도록 주의한다.

※ 덤벨 킥백 ! 이렇게 해보는건 어떨까? (각자 생각해보기)

- 무릎이 아닌 벤치에 손을 지탱하여 시도해보는건 어떨까?

4 벤치 딥스

벤치에 팔을 지탱한 후 상체를 내리고 위로 올리는 동작으로 상완 삼두근을 발달시키는데 효과적이다.

평가 기준

① 허리는 곧게 편 자세를 유지하는가?
② 내리는 단계에 팔꿈치가 직각으로 내려가는가?
③ 올리는 단계에 팔꿈치가 완전히 펴지는가?
④ 호흡을 똑바로 하고 있는가?

1 어깨너비 정도로 양손을 벤치에 짚고, 허리는 곧게 편 자세를 유지한다. 팔꿈치는 직각으로 하여 천천히 구부리며 상체를 아래로 내린다.

2 그대로 팔꿈치를 뒤쪽으로 곧게 펴서 덤벨을 들어올리며 삼두근을 수축 시키고 천천히 처음 동작으로 돌아간다.

CUEING

팔꿈치가 바깥으로 벌어지지 않도록 집중한다.

※ 벤치 딥스 ! 이렇게 해보는건 어떨까? (각자 생각해보기)

- 맨몸으로 하는게 자유로우면 덤벨이나 원판을 다리 위에 올리고 해보는건 어떨까?

실기동작

CHAPTER 05.

등

| 등 전체적인 해부도 |

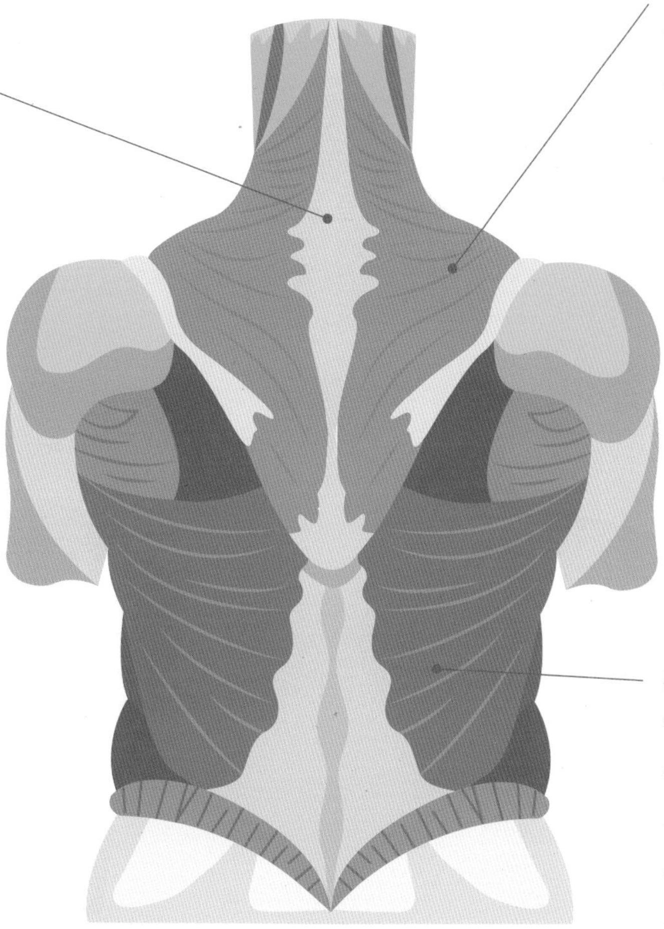

척추기립근
상체를 세우는
기능
- 데드리프트
- 백익스텐션 등

승모근
어깨를 위로
올리는, 모으는,
내리는 기능
- 슈러그 등

광배근
팔을 몸에 붙이는,
팔을 안쪽으로
돌리는 기능
- 바벨로우
- 덤벨로우
- 턱걸이 등

1 바벨 및 덤벨로우

상체를 앞으로 굽힌 상태에서 덤벨 또는 바벨을 잡고 팔꿈치를 몸통 가까이 들어 올리는 동작으로 광배근을 발달시킬 수 있는 대표적인 운동이다.

오버그립

평가 기준

① 허리는 곧게 펴져 있는가?
② 엉덩이를 심하게 뒤로 빼지 않고 있는가?
③ 무릎은 바를 내리면서 약간 구부리고 있는가?
④ 바를 올리는 동작 시 배 방향으로 올리고 있는가?
⑤ 등은 곧게 펴져 있는가?

1. 양발을 어깨너비만큼 벌리고 바를 오버그립으로 잡고 상체를 숙이면서 바를 몸에 붙여서 그대로 무릎 밑까지 수직으로 내린 뒤 무릎을 살짝 굽혀주고 허리를 집어넣는다. 이때 시선은 앞을 바라본다.

2. 팔꿈치가 오버그립으로 잡고 바깥쪽으로 벌어지지 않게 바를 배꼽 밑 아랫배 쪽으로 당긴다. 시선은 앞을 바라보고 상체의 반동을 최소화하여 등 근육을 수축시키면서 들어 올린다.

언더그립

평가 기준

① 바벨을 언더그립으로 잡고 몸통은 곧게 편 자세를 유지하는가?
② 바를 올리는 단계에서 손목을 펴고 올리는가?
③ 목을 과도하게 뒤로 펴진 않았는가?
④ 몸의 무게중심이 균형적으로 고르게 유지하는가?

언더그립으로 잡고 팔꿈치가 바깥쪽으로 벌어지지 않게 바를 배꼽 밑 아랫배 쪽으로 당긴다. 시선은 앞을 바라보고 상체의 반동을 최소화하여 등 근육을 수축시키면서 들어 올린다.

투암 덤벨

평가 기준

① 덤벨을 뉴트럴 그립으로 잡고 팔꿈치를 몸통 가까이 들어 올렸는가?
② 손목은 구부리지 않고 편 상태를 유지했는가?
③ 덤벨을 위로 당기는 단계에서 반동을 이용하지 않았는가?
④ 머리, 몸통, 손, 발의 위치 무릎 각도를 유지했는가?

양손의 덤벨을 뉴트럴 그립으로 잡고 어깨를 고정시키고 시선을 정면을 바라보고 상체의 반동을 최소화하여 등 근육을 수축시키면서 들어올린다. 바벨보다 가동범위를 더 많이 가져갈 수 있어 본인이 원하는 가동범위를 찾아 수행한다.

원암 덤벨

평가 기준

① 팔꿈치를 몸통 가까이 들어 올렸는가?
② 손목은 구부리지 않고 편 상태를 유지했는가?
③ 덤벨을 위로 당기는 단계에서 반동을 이용하지 않고 진행했는가?
④ 머리, 몸통, 손, 발의 위치 무릎 각도를 유지했는가?

벤치 옆에 서서 한쪽 무릎을 벤치에 대고 디딤 발로 무게중심을 잡는다. 이후 상체를 숙인 뒤 허리를 펴서 덤벨을 그대로 광배근 쪽으로 당긴다. 시선은 한곳에 고정시킨다.

CUEING

등이 아닌 팔로 당기지 않게 광배근 자극에 집중해서 수행한다.
견갑근을 먼저 사용하게 되면 어깨가 과하게 움직이게 되므로 광배근으로 당길 수 있도록 주의한다.
코어에 힘을 주고 반동을 최소화하여 동작을 진행한다.

2 루마니안 데드리프트

※ 데드리프트는 동작에 따라 타겟되는 부위가 다르게 되어 루마니안 데드리프트는 등 카테고리에 넣어놓았다.

컨벤셔널 데드리프트와 비슷한 동작이나 등을 공략하기 위해 바를 무릎 밑 5~10cm 정도까지만 내리는 것이 특징인 동작이다. 등 전체를 사용하며 척추기립근 발달에 아주 효과적이다.

평가 기준

① 바를 어깨너비 혹은 약간 넓게 잡고 있는가?
② 운동하는 동안 등이 굽지 않도록 곧게 편 자세를 유지하는가?
③ 올리는 동작 시 바벨이 대퇴부에 가까이 위치하여 올려지는가?
④ 내리는 동작에 시선은 정면을 향하고 있는가?
⑤ 내리는 동작에서 무릎이 고정되어 있는가?

1 양발을 어깨너비보다 살짝 좁게 벌리고 오버그립으로 바를 잡는다. 상체를 약간 숙이면서 바를 최대한 몸에 가깝게 붙여 내려오다 무릎 밑에서 멈춘다.

2 무게중심을 몸 앞쪽과 또는 중간에 두고 내렸던 그대로 바를 몸에 최대한 붙혀 등 전체를 이용하여 올라온다.

CUEING

무게중심이 뒤로 가게 되면 하체 후면이 많이 개입되므로 무게중심을 앞쪽 또는 중간에 두도록 한다.
팔에 개입이 최소화 될 수 있도록 등 근육에 집중하여 수행한다. 자칫 허리 부상의 위험이 있어 초반에는 무게를 낮춰서 동작을 익히도록 한다.

※ 루마니안 데드리프트! 이렇게 해보는건 어떨까? (각자 생각해보기)

• 덤벨로 루마니안 데드리프트를 해보는건 어떨까?

3 백 익스텐션

매트에 엎드린 자세에서 상체와 하체를 허리와 엉덩이 힘으로 들어올리는 동작으로 척추기립근을 강화시키는 대표적인 운동이다.

평가 기준

① 매트에 배를 깔고 엎드려 있는가?
② 상체와 하체를 함께 올리고 있는가?
③ 호흡은 올리는 단계에 내쉬고 있는가?

1. 매트에 배를 깔고 엎드린 후 양손은 허리 옆에 두거나 허리에 올려 깍지를 끼고 양발을 어깨너비로 벌린다

2. 허리와 엉덩이 힘을 이용하여 상체와 하체를 들어올리며 근육을 최대한 수축시킨다. 그리고 다시 천천히 처음 자세로 돌아가며 근육을 이완시킨다.

CUEING

몸에 반동을 최소화하여 동작을 수행한다. 상체와 하체를 너무 강하게 올리게 되면 오히려 부상이 유발될 수 있으므로 천천히 올리며 자극을 느끼도록 한다.

※ 백 익스텐션! 이렇게 해보는건 어떨까? (각자 생각해보기)

- 무게를 치기 위해서 덤벨이나 원판을 이용해보는건 어떨까?
- 손 위치를 앞으로 뻗어서 하면 어떨까?

4 슈러그

덤벨 또는 바벨을 들고 머리와 허리를 곧게 편 자세에서 어깨를 위로 들어올리는 동작으로 승모근 발달에 대표적인 운동이다.

바벨

평가 기준

① 어깨너비로 서서 바벨을 어깨너비 스탠다드 그립으로 잡았는가?
② 등을 곧게 펴고 있는가?
③ 천천히 어깨를 끌어올리고 내리는가?

1. 발은 어깨너비만큼 벌린다음 머리와 허리를 곧게 유지한 상태에서 바벨을 오버그립으로 잡고 허벅지 앞에 위치시킨다.

2. 어깨를 수직으로 천천히 들어올리며 반동을 최소화하여 승모근을 수축시키고 처음 동작으로 돌아오면서 이완시킨다.

덤벨

평가 기준

① 어깨너비로 서서 양손에 덤벨을 들고 있는가?
② 등을 곧게 펴고 있는가?
③ 천천히 어깨를 끌어올리고 내리는가?

발을 어깨너비만큼 벌린다음 양손에 덤벨을 허벅지 앞에 위치시키고 어깨를 수직으로 천천히 들어올리며 승모근을 수축시킨다. 수축시킨 이후에는 처음 동작으로 돌아오며 이완시킨다.

CUEING

몸에 반동을 최소화하여 동작을 수행한다. 손목과 팔꿈치가 고정되어 있는 상태로 동작을 수행한다.

5 바벨 굿모닝 엑서사이즈

아침 인사하듯이 동작을 수행하기에 붙여진 이름으로 바벨을 승모근 위에 위치시키고 머리와 허리를 곧게 유지하며 상체를 지면과 수평이 되도록 구부리는 동작으로 둔근과 척주 기립근을 강화시키는 대표적인 운동이다.

평가 기준

① 바벨을 승모근에 올리고 있는가?
② 무릎과 허리를 펴고 내려가는가?
③ 시선은 전방을 주시하는가?
④ 올라올 때 호흡을 내쉬고 있는가?

1 발 보폭은 어깨 너비만큼 하고 바벨을 승모근 위에 위치시키고 준비한다

2 허리를 중립된 상태를 유지한 채 시선을 정면을 바라보고 골반을 뒤로 빼며 상체가 바닥과 수평이 되게 숙이면서 호흡을 마신다. 시선을 정면으로 유지하면서 상체를 곧게 들어올린다.

CUEING

등이 둥글게 굽지 않도록 복압을 활성화시킨다. 호흡은 들이마시면서 내리고 올라오면 내쉰다.

※ 굿모닝 엑서사이즈! 이렇게 해보는건 어떨까? (각자 생각해보기)

• 바벨 말고 원판을 사용하는건 어떨까?

실기동작

CHAPTER 06.

어깨

| 어깨 |

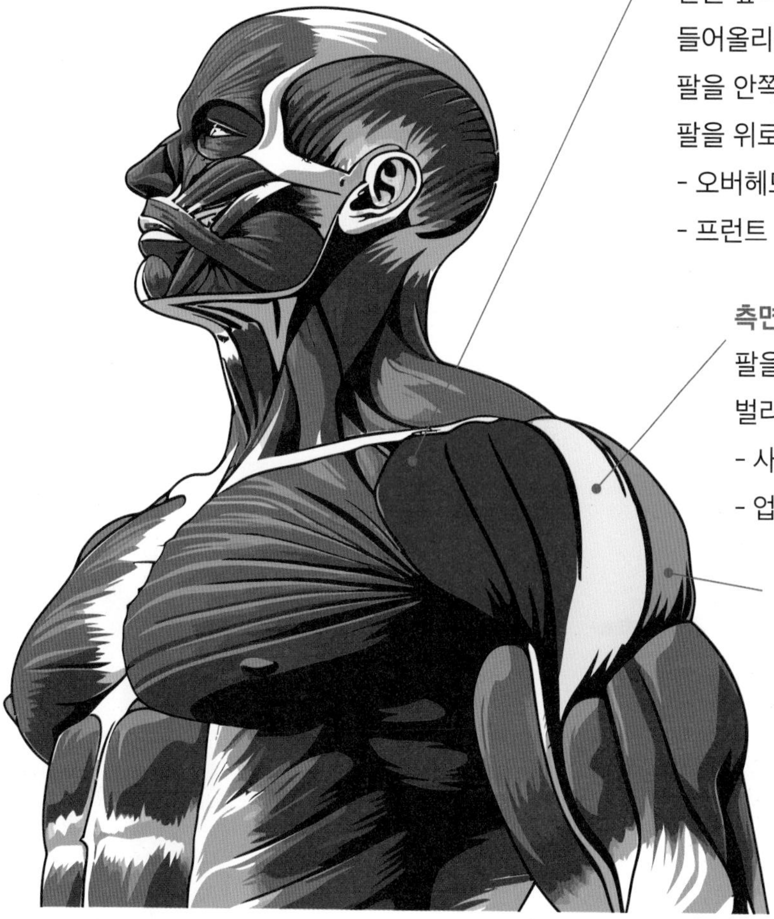

전면삼각근
팔을 앞쪽으로
들어올리는,
팔을 안쪽으로 미는,
팔을 위로 미는 기능
- 오버헤드 프레스
- 프런트 레이즈 등

측면삼각근
팔을 옆으로
벌리는 기능
- 사이드 레터럴 레이즈
- 업라이트 로우 등

후면삼각근
위팔을 뒤로 보내는,
위팔을 수평으로
등 쪽으로
당기는 기능
- 벤트 오버 레이즈 등

1 숄더 프레스

다관절 운동으로 삼각근의 전면과 측면을 키우고 어깨 전체에 자극을 주기 좋은 대표적인 동작으로 바벨이나 덤벨을 사용하는 것과 앉아서 하는것과 일어나서 하는것에 따라 동작 명칭이 달라지게 된다. 바벨은 덤벨보다 중량을 높게 들 수 있고 덤벨은 바벨보다 가동범위를 넓게 가져갈 수 있다. 다른 명칭으로는 오버헤드 프레스 또는 밀리터리 프레스라고도 불린다

평가 기준

① 반동 없이 얼굴 가까이 바닥과 수직으로 들어 올렸는가?
② 올리는 단계에서 팔꿈치를 이용하지 않고 운동하였는가?
③ 운동 시 주동근의 긴장을 유지했는가?
④ 내리는 단계 시 갑자기 힘을 빼지 않고 팔꿈치를 천천히 굽혔는가?

바벨

❶ 양발을 어깨너비만큼 벌리고 바벨을 오버 그립으로 잡고 턱 앞에 위치시킨다. 흉추를 살짝 젖혀 어깨 앞쪽에 무게감이 실릴 수 있게하고 팔꿈치는 지면과 수직으로 한다.

❷ 몸통을 바르게 유지한 상태에서 어깨의 자극을 느끼면서 그대로 머리 위로 올린다. 머리 위로 들어올린 후 어깨의 자극을 느끼면서 천천히 처음자세로 돌아온다.

덤벨

평가 기준

① 운동 중 덤벨이 움직이지 않도록 통제하였는가?
② 올리는 단계에서 팔꿈치를 이용하지 않고 운동하였는가?
③ 운동 시 주동근의 긴장을 유지했는가?
④ 내리는 단계 시 팔꿈치에 각도를 90도를 유지했는가?

양손에 덤벨을 양쪽 귀 옆에 위치시키고 팔꿈치는 지면과 수직 방향이 되게 하고 한다. 어깨 근육의 자극을 느끼며 그대로 머리 위로 올려주고 팔이 바깥쪽으로 빠지지 않게 처음 자세로 돌아온다.

CUEING

팔꿈치가 과도하게 뒤로 빠지지 않게 균형을 잡고 실시한다. 덤벨 또는 바벨을 너무 아래까지 내리면 어깨의 부상이 올 가능성이 높다. 흉추를 너무 과하게 젖히거나 꼿꼿이 세우는거보다는 적당하게 젖혀 안정적으로 코어가 잡힐 수 있도록 수행한다. 팔꿈치로 민다는 느낌보다는 삼각근을 수축시킨다는 느낌으로 수행한다.

※ 오버헤드 프레스! 이렇게 해보는건 어떨까? (각자 생각해보기)

- 일어서서 하는거보다 앉아서 벤치에 기대고 해보는건 어떨까?
- 덤벨 프레스를 할 때 한 팔씩 해보는건 어떨까?

2 비하인드 넥프레스

머리와 허리를 곧게 편 자세로 바벨을 머리 뒤로 내렸다가 밀어 올리는 동작으로 오버헤드 프레스에 비해서 근육의 고립도가 높은 동작이다.

평가 기준

① 반동 없이 머리 뒤쪽 가까이 바닥과 수직으로 들어 올렸는가?
② 올리는 단계에서 팔꿈치를 이용하지 않고 운동하였는가?
③ 운동 시 주동근의 긴장을 유지했는가?
④ 내리는 단계에서 팔꿈치의 각도를 90도를 유지했는가?

1. 양발을 어깨너비만큼 서서 오버핸드 그립으로 바벨을 넓게 잡는다. 바벨을 살짝 머리 뒤에 있도록 팔을 고정시키고 팔꿈치는 완전히 펴지 않고 살짝 구부린다.

2. 뒤통수를 스치듯 팔을 내려 어깨가 지면과 수평이 될 때까지 팔을 내린다. 어깨 측후면에 자극이 오는 것을 느끼며 천천히 처음 자세로 돌아간다.

CUEING

팔꿈치를 과도하게 아래로 내리게 되면 어깨 근육 손상이 있을 수 있으므로 지면과 수평이 될 때가지 내리도록 한다. 팔꿈치가 뒤로 빠지는 것이 아니라 수직으로 내려간다는 느낌으로 수행한다.

※ 비하인드 넥프레스! 이렇게 해보는건 어떨까? (각자 생각해보기)

- 일어서서 하는거보다 앉아서 등에 기대고 해보는건 어떨까?

3 프런트 레이즈

바벨 또는 덤벨 또는 허벅지 앞쪽에 위치시키고 머리와 허리를 곧게 유지한 상태에서 무게를 들어 올리는 동작으로 전면 삼각근 발달에 효과적인 운동이다.

평가 기준

① 위로 올리는 동작 시 상체를 곧게 펴고 시선은 정면을 유지했는가?
② 어깨보다 약간 높은 위치까지 팔을 들어 올렸는가?
③ 몸통을 곧게 폈는가?
④ 올리는 단계에서 숨을 내쉬었는가?
⑤ 내리는 동작 시 몸통이 견고하게 지지하고 있는가?

바벨

1. 양발을 어깨너비만큼 서서 오버핸드 그립으로 바벨을 잡고 허벅지 앞쪽에 위치시키며 머리와 허리를 곧게 유지한다.

2. 시선은 정면을 유지한 상태에서 바벨을 천천히 앞으로 들어 올리며 어깨와 수평이 될 때까지 전면 삼각근을 수축시킨다. 이후 전면 삼각근을 이완시키면서 천천히 원래 동작으로 돌아온다.

덤벨

평가 기준

① 위로 올리는 동작 시 상체를 곧게 펴고 시선은 정면을 유지했는가?
② 어깨보다 약간 높은 위치까지 팔을 들어 올렸는가?
③ 몸통을 곧게 폈는가?
④ 올리는 단계에서 숨을 내쉬었는가?
⑤ 내리는 동작 시 몸통이 견고하게 지지하고 있는가?

양발을 어깨너비만큼 서서 양손에 덤벨을 잡고 허벅지 앞에 위치시킨 후 바벨을 들어올리는거와 마찬가지로 어깨 높이만큼 올린 후 천천히 원래자세로 돌아온다.

CUEING

몸통이 뒤로 젖혀지지 않도록 중심을 잡고 수행한다. 덤벨 또는 바벨을 과도하게 올릴 경우 전면삼각근보다 승모근이 더 많이 개입될 가능성이 있다.

※ 프런트 레이즈! 이렇게 해보는건 어떨까? (각자 생각해보기)

- 덤벨을 이용할 때 한손씩 해보는건 어떨까?
- 덤벨 및 바벨 말고 원판으로 해보는건 어떨까?

4 업라이트 로우

바벨 또는 덤벨을 허벅지 앞쪽에 위치시키고 머리와 허리를 곧게 유지한 상태에서 양쪽 팔꿈치를 바깥쪽으로 향하게 하여 위로 드는 동작이다. 전면 및 측면삼각근 발달에 효과적인 운동이다.

평가 기준

① 바벨을 들어 올렸을 때 팔꿈치가 어깨와 평행이 되었는가?
② 허리를 곧게 펴고 있는가?
③ 시선은 정면을 주시하고 있는가?
④ 오버 그립으로 바벨을 잡고 있는가?

1 양발을 어깨너비만큼 서서 오버핸드 그립으로 바벨을 잡고 허벅지 앞에 위치시킨다. 머리와 허리는 곧게 유지하며 시선은 정면을 향한다.

2 양쪽 팔꿈치를 바깥쪽으로 향하게 하고 바벨을 수직으로 들어올린다는 느낌으로 어깨 근육을 수축시킨다. 팔꿈치의 높이는 어깨높이까지 올릴 수 있도록 한다. 이후에는 처음 자세로 돌아온다.

CUEING

팔꿈치가 어깨높이보다 높게 올라가지 않도록 주의한다. 손목 힘을 이용해서 올린다는 느낌보다는 팔꿈치를 이용해서 들어 올린다는 느낌으로 수행한다. 몸통은 고정하여 흔들리지 않도록 수행한다.

※ 업라이트 로우! 이렇게 해보는건 어떨까? (각자 생각해보기)

- 덤벨로 실시 해보는건 어떨까?
- 벤치에 앉아서 해보는건 어떨까?

5 사이드 레터럴 레이즈

양손에 덤벨을 들고 허벅지 측면에 위치시키고 덤벨을 양옆으로 들어올려 측면 삼각근을 발달시키는 대표적인 운동이다. 상체 각도, 덤벨을 올리는 각도 등에 따라 자극이 달라 자신에게 맞는 방법을 찾는 것이 중요하다.

평가 기준

① 옆으로 올리는 동작 시 상체를 곧게 펴고 시선은 정면을 유지했는가?
② 덤벨을 잡은 손이 팔꿈치보다 아래에 있는가?
③ 몸통을 곧게 폈는가?
④ 올리는 단계에서 숨을 내쉬었는가?
⑤ 내리는 동작 시 몸통이 견고하게 지지하고 있는가?

1 양발을 어깨너비로 서서 양손에 덤벨을 가볍게 잡고 허벅지 옆에 자연스럽게 위치시킨다.

2 양팔을 곧게 편 상태로 어깨 측면 근육을 이용해 덤벨을 옆으로 던지듯이 들어 올린다. 어깨보다 손목이 더 위로 올라가지 않도록 하며 내릴 때는 천천히 버티면서 처음자세로 돌아간다.

CUEING

손목과 팔꿈치 사용을 최소화하여 반동을 쓰지 않고 측면 삼각근으로만 들어올릴 수 있도록 집중한다.
팔을 과도하게 위로 올리면 승모근에 개입이 커지게 되므로 어깨 높이까지만 올리는게 효과적이다.

※ 사이드 레터럴 레이즈! 이렇게 해보는건 어떨까? (각자 생각해보기)

- 덤벨 올리는 각도를 옆이 아니라 사선으로 올려 보는건 어떨까?
- 벤치에 앉아서 실시해보는건 어떨까?

6 벤트오버 레터럴 레이즈

머리와 허리를 곧게 유지하며 상체가 지면과 수평이 되도록 앞으로 구부린 후 덤벨을 양옆으로 들어 올리는 동작으로 후면 삼각근을 발달시키는 대표적인 운동이다.

평가 기준

① 상체를 구부린 자세에서 팔꿈치와 상완이 덤벨보다 높은상태를 유지하고 있는가?
② 어깨보다 약간 높은 위치까지 팔을 들어 올렸는가?
③ 몸통을 곧게 펴고 무릎은 약간 구부린 자세를 유지했는가?
④ 모든 동작의 단계에서 몸의 반동을 이용하지 않았는가?

1. 양발을 어깨너비로 서서 상체가 지면과 수평이 되도록 구부리고 무릎을 약간 굽힌 자세로 시작한다. 양손으로 손바닥이 마주 보게 덤벨을 쥔 뒤 팔꿈치를 살짝 안쪽으로 구부린다.

2. 팔꿈치가 어깨와 수평이 될 때까지 덤벨을 몸통 옆으로 들어 올린다. 후면 삼각근이 강하게 수축되는 것을 느끼며 천천히 처음자세로 돌아온다.

CUEING

팔꿈치가 어깨 위로 올라가지 않도록 주의하고 코어가 고정되어 반동을 최소화하며 수행한다.
초보자는 벤치에 앉아서 실시하거나 상체 앞면을 기대어 몸을 고정시키면 허리에 가해지는 부담을 줄일 수 있다.

※ 벤트오버 레터럴 레이즈! 이렇게 해보는건 어떨까? (각자 생각해보기)

- 벤치의 각도를 60~70도로 해서 기대서 해보는건 어떨까?
- 덤벨이 아니라 밴드를 이용해서 해보는건 어떨까?

규정포즈

| 남자 보디빌딩(7가지 포즈) |

1. 프런트 더블 바이셉스

① 이두박근과 전완근을 표현하고 있는가?
② 팔의 높이는 어깨보다 같거나 높게 하고 있는가?
③ 가슴이 들리고 가슴근육의 선을 표현하고 있는가?
④ 광배근을 표현하고 있는가?
⑤ 하체에 힘을 지속적으로 유지하여 대퇴근을 표현하고 있는가?

2. 프런트 랫 스프레드

① 가슴근육의 수축을 표현하고 있는가?
② 하체에 힘을 지속적으로 유지하여 대퇴근을표현하고 있는가?
③ 심판을 향해 정면으로 서서 발의 간격을
최대 15cm로 유지하고 있는가?

3. 사이드 체스트

① 가슴을 들고 가슴라인을 표현하고 있는가?
② 어깨와 이두근을 수축하여 표현하고 있는가?
③ 앞다리를 약간 구부려 대퇴 이두근을 표현하고 있는가?
④ 하체를 수축하여 대퇴근을 표현하고 있는가?
⑤ 종아리를 수축하여 비복근을 표현하고 있는가?

4. 백 더블 바이셉스

① 팔의 높이는 어깨보다 같거나 높게 하고 있는가?
② 등 근육을 수축하고 몸이 앞으로 구부러지지 않게 하고 있는가?
③ 한 다리를 뒤로 뻗어 슬와근을 표현하고 있는가?
④ 종아리를 수축하여 비복근을 표현하고 있는가?
⑤ 이두근과 삼각근을 수축하여 표현하고 있는가?

5. 백 랫 스프레드

① 등 근육을 잘 펴고 있는가?

② 등 모양이 V자가 되고 있는가?

③ 발의 간격을 최대 15cm로 유지한 채 두 다리를 곧게 편 상태로 근육을 수축하고 있는가?

④ 종아리를 수축하여 비복근을 표현하고 있는가?

⑤ 팔꿈치는 어깨보다 전방을 향하고 있는가?

6. 사이드 트라이셉스

① 삼두근을 수축하여 표현하고 있는가?

② 가슴의 모양을 보여 주고 있는가?

③ 심판과 가까운 쪽 다리의 무릎을 구부린 상태로 발을 지면 위에 두고, 다른 다리는 뒤로 뺀 채 무릎을 구부려 발가락으로 지탱하며 대퇴부와 비복근을 표현하고 있는가?

④ 전면·측면·후면 삼각근을 동시에 표현하고 있는가?

7. 업도미널 앤 타이

① 손은 머리 뒤에 위치하고 있는가?

② 복부를 수축하여 복근을 표현하고 있는가?

③ 이두근을 수축하여 표현하고 있는가?

④ 대퇴근을 수축하여 표현하고 있는가?

⑤ 광배근을 수축하여 표현하고 있는가?

| 남자 클래식 보디빌딩(규정포즈+쿼터턴) |

1. 쿼터 턴 라이트

① 머리와 눈이 몸과 같은 방향으로 향하고 있는가?

③ 발뒤꿈치를 모으고 있으며 발을 바깥쪽으로 벌리고 있는가?

③ 우측(좌측) 팔은 등 뒤에 신체 중심선에,
좌측(우측) 팔은 신체 중심선 전방에 위치하여
팔꿈치는 약간 구부리고 손바닥이 신체를
바라본 상태에서 주먹을 쥐고 있는가?

2. 프론트 포지션

① 머리와 눈이 몸과 같은 방향으로 향하고 있는가?

② 발뒤꿈치가 같은 선상에서 간격을 유지하며 양팔은
신체 중심선을 따라 측면에 위치하고 팔꿈치는 약간 구부린 상태로
손바닥이 신체를 바라보게 한 상태로 주먹을 쥐고 있는가?

3. 쿼터 턴 백

① 머리와 눈이 몸과 같은 방향으로 향하고 있는가?

② 발뒤꿈치가 같은 선상에서 간격을 유지하며 양팔은 신체 중심선을 따라 측면에 위치하고 팔꿈치는 약간 구부린 상태로 손바닥이 신체를 바라보게 한 상태로 주먹을 쥐고 있는가?

④ 무릎 곧게 펴고, 복부는 안으로, 가슴은 바깥으로 어깨는 뒤로, 고개는 들고 있는가?

남자 클래식 피지크(5가지 규정포즈+쿼터턴+베큠 및 페이보릿)

1. 베큠

① 양손을 머리 뒤에 위치하였는가?
② 양발을 모으고 있는가?
③ 양다리가 대칭을 이루고 있는가?
④ 숨을 내쉬고 복부를 안쪽으로 당기고 있는가?

2. 페이보릿 포즈

① 하나의 포즈를 연기하였는가?
② 조화롭고 균형 있는 포즈를 취했는가?
③ 허용되지 않는 머스큘러 포즈를 하였는가?
④ 포즈의 주요 근육군에 근육들이 수축하였는가?

| 여자 보디 피트니스(+ 쿼터턴) |

1. 프런트 더블 바이셉스

① 두 다리(오른쪽 또는 왼쪽 다리를 바깥쪽으로)와
발의 위치(일직선상)는 정확한가?
② 두 팔의 높이(어깨높이)와 팔꿈치가 구부리고 있는 동작이 정확한가?
③ 손과 손가락의 하늘을 향하고 있는가?
④ 최대한 많은 근육들을 수축하고 있는가?

2. 사이드 체스트

① 심판을 향해 오른쪽 또는 왼쪽으로 비틀게 서 있는가?
② 오른쪽 또는 왼쪽 무릎은 구부리지 않은 채로 다리를 곧게 펴고 있으며
왼쪽 또는 오른쪽 무릎은 살짝 구부리고 있는가?
③ 팔, 팔꿈치 손가락 및 손바닥의 자세 및 위치는 정확한가?
④ 가슴근육, 상완 삼두근, 대퇴 사두근, 대퇴이두근 및 비복근을 수축하고 있는가?

3. 백더블 바이셉스

① 두 다리(한 발을 뒤에 위치하여 발가락으로 지탱)와
발의 위치는 정확한가?
② 두 팔의 높이(어깨높이)와 팔꿈치는 구부리고 있는 동작이 정확한가?
③ 손과 손가락의 하늘을 향하고 있는가?
④ 삼각근, 등 상하부, 대퇴 이두근 및 비복근을 수축하고 있는가?

4. 사이드 트라이셉스

① 오른쪽 또는 왼쪽 측편이 심판을 향해 서있는가?
② 팔을 등 뒤에 위치시켜 오른쪽 또는 왼쪽 손목을 왼쪽 또는
오른쪽 손으로 잡고 있으며 손과 손가락을 편 상태로
손바닥이 아래 지면과 평행하게 되어 있는가?
③ 오른쪽 또는 왼쪽 무릎을 구부리지 않고 다리를 곧게 펴서
바닥에 내려놓았으며 왼쪽 또는 오른쪽 무릎은 살짝 구부렸는가?
④ 상완 삼두근, 가슴, 복부, 대퇴근부 및 비복근을 수축하고 있는가?

| 여자 피지크(+ 쿼터턴) |

1. 쿼터 턴 라이트

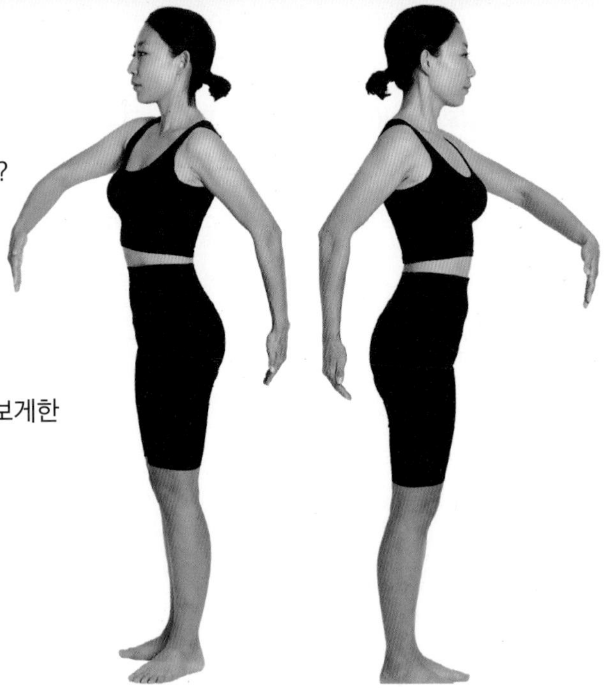

① 머리와 눈이 몸과 같은 방향으로 향하고 있는가?
② 발뒤꿈치를 모으고 있으며
발은 바깥쪽으로 향하고 있는가?
③ 좌측(우측) 팔은 등 뒤에 신체 중심선에,
우측(좌측) 팔은 신체 중심선 전방에 위치하여
팔꿈치는 약간 구부리고 손바닥은 신체를 바라보게한
상태로 손은 오므리고 있는가?

2. 프론트 포지션

① 머리와 눈이 몸과 같은 방향으로 향하고 있는가?
② 발뒤꿈치를 모으고 있으며 발은 바깥쪽으로 향하고 있는가?
③ 무릎 곧게 펴고, 복부는 안으로,
가슴은 바깥으로 어깨는 뒤로 뺐는가?

3. 쿼터 턴 백

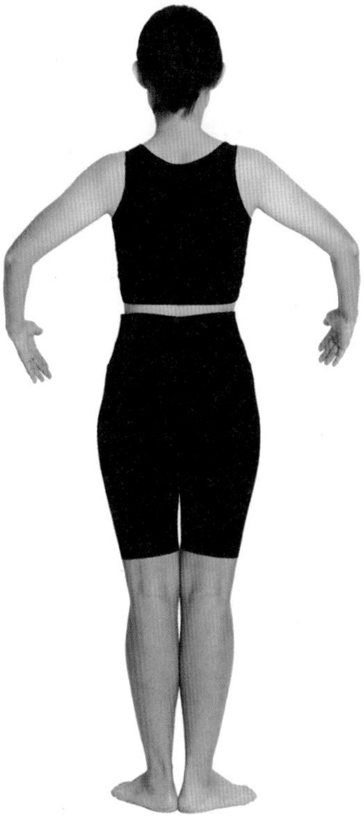

① 머리와 눈이 몸과 같은 방향으로 향하고 있는가?

② 발뒤꿈치를 모으고 있으며 발은 바깥쪽으로 향하고 있는가?

| 비키니 피트니스(+ 쿼터턴) |

1. 쿼터 턴 라이트

① 측면이 심판을 향한 상태에서 상체를 돌려 심판을 바라보고 있는가?
② 심판으로부터 가까운 엉덩이를 약간 올리고 있는가?
③ 심판으로부터 가까운 팔은 약간 뒤쪽 신체중심선에 위치하여 손을 편 상태로 미적으로 보이는가?

2. 프론트 포지션

① 바르게 서서 머리와 눈이 몸과 같은 방향을 바라보고 있는가?
② 한 손은 엉덩이 위에 두고, 다른 한 손은 몸 옆에 자연스레 늘어뜨리고 손을 편 상태로 미적으로 보이게 하는가?
③ 무릎을 구부리지 않고, 복부를 끌어당기고 가슴을 세우고 어깨는 폈는가?

3. 쿼터 턴 백

① 상체를 숙이지 않고 바르게 서 있는가?

② 한 손을 엉덩이 위에 올려놓고 있는가?

③ 다른 손은 신체를 따라 약간 측면에 늘어뜨리고 손을 편 상태로 미적으로 보이게 하는가?

④ 무릎은 구부리지 않고 복부는 안쪽으로 상체는 앞으로 어깨는 뒤로 뺀 상태로 위치하고 있는가?

⑤ 등 하부를 자연스럽게 만곡 시키거나 약간 척추전만의 자세를 취하고 있는가?

⑥ 등 상부는 곧게 펴고 고개는 심판을 바라보지 않고 정면(무대 뒤쪽)을 향하고 있는가?

구술 및 면접

| 1. 보디빌딩 경기 규정 및 운영 |

1. 보디빌딩 역사에 대해 설명하시오.

- 창시자는 독일의 유진 샌도우이다.
- 1970년 유고슬라비아 베오그라드에서 열린 IFBB총회에서 남자 보디빌딩이 공식적으로 출범하였다.
- 1982년 IFBB총회에서 여자 보디빌딩이 최초로 출범되었으나 2013년 승인이 취소되고 여자 피지크 경기로 대체되었다.

2. 보디빌딩 관련 기관 및 협회를 설명하시오.

1	**세계보디빌딩연맹**(IFBB:International Federation of Bodybuilding and Fitness)
2	**대한보디빌딩협회**(KBBF: Korean Bodybuilding & Fitness Federation)
3	**아시아보디빌딩연맹**(ABBF: Asian Bodybuilding and Physique Sports Federation)
4	**한국도핑방지위원회**(KADA: Korea Anti · Doping Agency)

3. 보디빌딩 경기장 규격에 대해 설명하시오.

- 포즈대는 가로 최소 6m, 세로 최소 1m50cm 높이는 60cm이다
- 근육을 잘 비출 수 있는 조명
- 단상 정면에는 IFBB 로고가 붙어야 하고 바닥에는 카펫이 깔려 있어야한다.
- 무대에는 가로선과 중앙라인을 표시한다.

4. 보디빌딩 심사방법 및 기준을 설명하시오.

- 전체적인 체격의 비율과 대칭, 근육의 크기와 밸런스 발달에 대한 평가
  ① 벌크업(Bulk-up) : 근육의 크기 심사
  ② 데피니션(Definition): 근육의 선명도를 심사
  ③ 컷(Cut) : 근육의 윤곽이 각을 이룬 상태를 심사

5. 보디빌딩 종목에 대한 규정 포즈 및 복장에 대해 설명하시오.

(1) 보디빌딩

포즈번호	내용
1	**프런트 더블 바이셉스**(Front Double Biceps):전면 이두근 및 전완근 발달 심사
2	**프런트 랫 스프레드**(Front Lat Spread): 전면 광배근 발달 심사
3	**사이드 체스트**(Side Chest): 가슴 근육 및 이두근 발달 심사
4	**백 더블 바이셉스**(Back Double Biceps): 전체적인 등 근육과 밀도 발달 심사
5	**백 랫 스프레드**(Back Lat Spread): 전체적인 등 근육과 너비 발달 심사
6	**사이드 트라이셉스**(Side Triceps): 가슴과 허벅다리 근육 발달 심사
7	**업도미널 앤 타이**(Abdominal&Thighs): 복부 근육과 다리 근육 발달 심사

• 복장: 투명하지 않은 깔끔하고 단정한 경기 복장으로 단색을 착용한다. 시합복(Trunk)의 색상과 재질 및 스타일은 재량으로 택하며 대둔근의 3/4를 가려야 한다. 전면은 덮어 가려져야 하며 측면 폭은 최소 1cm어야 한다. 또한 트렁크 안에 패딩을 넣는 것은 금지되며 신발, 안경, 시계와 같은 장식품을 착용할 수 없다.

(2) 클래식 보디빌딩

• 보디빌딩 규정포즈 7가지와 동일 + 쿼터 턴

포즈번호	내용
1	**프런트 포지션**(Front Positon): 정면을 향해 라인업
2	**쿼터 턴 라이트**(Quarter Turn Right): 왼쪽 측면이 심판을 바라봄
3	**쿼터 턴 백**(Quarter Turn Back): 후면 부분 라인업
4	**쿼터 턴 라이트**(Quarter Turn Right): 오른쪽 측면이 심판을 바라봄

• 복장: 투명하지 않은 깔끔하고 단정한 경기 복장으로 단색을 착용한다. 시합복(Trunk)의 색상과 재질 및 스타일은 재량으로 택하며 대둔근의 3/4를 가려야 한다. 전면은 덮어 가려져야 하며 측면 폭은 최소 1cm어야 한다. 또한 트렁크 안에 패딩을 넣는 것은 금지되며 신발, 안경, 시계와 같은 장식품을 착용할 수 없다.

(3) 맨즈 피지크

포즈번호	내용
1	**프런트 포지션**(Front Positon): 정면을 향해 라인업
2	**쿼터 턴 라이트**(Quarter Turn Right): 왼쪽 측면이 심판을 바라봄
3	**쿼터 턴 백**(Quarter Turn Back): 후면 부분 라인업
4	**쿼터 턴 라이트**(Quarter Turn Right): 오른쪽 측면이 심판을 바라봄

- 복장: 신축성이 있으며 단정하고 투명하지 않은 긴 반바지를 입어야하며 색상 및 재질은 재량이다. 반바지는 다리 위쪽을 다 덮어야하며 무릎 윗선까지는 내려와야 한다.

(4) 남자 클래식 피지크

- 7가지 규정포즈 + 쿼터 턴
- 7가지 규정포즈

포즈번호	내용
1	**프런트 더블 바이셉스**(Front Double Biceps): 전면 이두근 및 전완근 발달 심사
2	**사이드 체스트**(Side Chest): 가슴 근육 및 이두근 발달 심사
3	**백 더블 바이셉스**(Back Double Biceps): 전체적인 등 근육과 밀도 발달 심사
4	**사이드 트라이셉스**(Side Triceps): 가슴과 허벅다리 근육 발달 심사
5	**베큠**(Vaccum): 숨을 깊게 마시어 복부를 안으로 당기는 느낌이 들게 하는 것으로 브이테이퍼(V-Taper)를 기준으로 전체적인 밸런스를 심사
6	**업도미널 앤 타이**(Abdominal&Thighs): 복부 근육과 다리 근육 발달 심사
7	**클래식 포즈 옵 애슬릿스 초이스**(Classic pose of athletes's choice): 클래식한 포즈나 자신이 좋아하는 포즈를 자신있게 취함.

- 쿼터 턴

포즈번호	내용
1	**프런트 포지션**(Front Positon): 정면을 향해 라인업
2	**쿼터 턴 라이트**(Quarter Turn Right): 왼쪽 측면이 심판을 바라봄
3	**쿼터 턴 백**(Quarter Turn Back): 후면 부분 라인업
4	**쿼터 턴 라이트**(Quarter Turn Right): 오른쪽 측면이 심판을 바라봄

• 복장: 단색의 투명하지 않은 사각 트렁크, 측면 폭은 최소 15cm이고 대둔근과 전면을 덮어하나 위쪽 다리를 보이는 것은 허용된다.

(5) 우먼스 피지크

• 4가지 규정포즈 + 쿼터 턴

• 4가지 규정포즈

포즈번호	내용
1	**프런트 더블 바이셉스**(Front Double Biceps): 각 신체 부분의 라인 및 균형, 전체적인 신체 비율 및 대칭 심사
2	**사이드 체스트**(Side Chest): 가슴 근육, 삼두, 하체, 심사
3	**백 더블 바이셉스**(Back Double Biceps): 각 신체 부분의 라인 및 균형, 전체적인 신체 비율 및 대칭 심사
4	**사이드 트라이셉스**(Side Triceps): 삼두근 및 하체 심사

• 쿼터 턴

포즈번호	내용
1	**프런트 포지션**(Front Positon): 정면을 향해 라인업
2	**쿼터 턴 라이트**(Quarter Turn Right): 왼쪽 측면이 심판을 바라봄
3	**쿼터 턴 백**(Quarter Turn Back): 후면 부분 라인업
4	**쿼터 턴 라이트**(Quarter Turn Right): 오른쪽 측면이 심판을 바라봄

• 복장: 투명하지 않은 투피스 일반 비키니를 착용하여 대둔근이 최소 1/2이상과 전면을 가리는 비키니를 입어야 한다.

(6) 보디 피트니스

• 쿼터 턴 + L-워킹(L-walking)

포즈번호	내용
1	**프런트 포지션**(Front Positon): 정면을 향해 라인업
2	**쿼터 턴 라이트**(Quarter Turn Right): 왼쪽 측면이 심판을 바라봄
3	**쿼터 턴 백**(Quarter Turn Back): 후면 부분 라인업
4	**쿼터 턴 라이트**(Quarter Turn Right): 오른쪽 측면이 심판을 바라봄

• 복장: 투명하지 않는 일반 비키니를 착용하며 비키니는 최소 대둔근의 1/2이상과 전면을 가려야 한다. 신발의 앞굽의 두께는 최대 1cm, 힐의 높이는 최대 12cm이다. 끈으로 된 비키니와 플랫폼 구두는 금지되고 반지, 팔찌 귀걸이를 제외한 장신구는 착용할 수 없다.

(7) 비키니 피트니스

• 쿼터 턴 + L-워킹(L-walking)

포즈번호	내용
1	**프런트 포지션**(Front Positon): 정면을 향해 라인업
2	**쿼터 턴 라이트**(Quarter Turn Right): 왼쪽 측면이 심판을 바라봄
3	**쿼터 턴 백**(Quarter Turn Back): 후면 부분 라인업
4	**쿼터 턴 라이트**(Quarter Turn Right): 오른쪽 측면이 심판을 바라봄

• 복장: 투명하지 않는 일반 비키니를 착용하며 비키니는 최소 대둔근의 1/3이상과 전면을 가려야 한다. 신발의 앞굽의 두께는 최대 1cm, 힐의 높이는 최대 12cm이다. 끈으로 된 비키니와 플랫폼 구두는 금지되고 반지, 팔찌 귀걸이를 제외한 장신구는 착용할 수 없다.

6. 남자 보디빌딩 체급에 대해 설명하시오.

- 플라이급: 65KG 이하
- 밴텀급: 70KG 이하
- 웰터급: 75KG 이하
- 라이트 미들급: 80KG 이하
- 미들급: 85KG 이하
- 슈퍼 미들급: 90KG 이하
- 라이트 헤비급: 95KG 이하
- 헤비급: 100KG 이하
- 슈퍼 헤비급: 100KG 이상

7. 도핑(Doping)에 대해 설명하시오.

- 운동 선수가 경기력을 향상시키기 위한 목적으로 금지 약물(호르몬제, 흥분제 등)을 사용하는 행위 또는 금지된 이학적 조치를 하는 것을 말한다.

8. 도핑 테스트(Doping test)에 대해 설명하시오.

- 경기력을 향상시킬 목적으로 사용한 금지 약물에 대해 검사를 통해 양성반응이 일어나는지 검사하는 것으로 주로 소변이나 혈액 샘플을 통해 분석한다.

9. 도핑 테스트 과정에 대해 설명하시오.

① 검사 대상자 선정 및 통지 → ② 도핑 관리실에서 시료 채취 용품 선수에게 제공 → ③ 시료 채취 → ④ 시료 양 측정 및 봉인 → ⑤ 도핑 검사서 작성 → ⑥ 시료 분석(검사 기관에서)

10. '의도하지 않은 도핑'에 대해 설명하시오.

- 선수 부주의 또는 실수로 금지 약물을 섭취하여 도핑 테스트에 양성 반응이 나오는 것으로 질병이나 부상 치료 과정에서 일어나곤 하는데 도핑 위반 행위는 선수의 고의성 여부와는 무관하게 성립되므로 책임을 져야 한다.

11. 치료목적사용면책에 대해 설명하시오.

- 금지 약물 또는 방법을 치료 목적으로 사용해야 하는 경우가 있을 때 신청하는 것으로 치료목적사용면책 규정에 합치가 한다면 도핑에 위반되지 않는다. 최소 30일전에는 신청해야 한다.

12. 도핑에 위반했을 경우 조치에 대해 설명하시오.

- 도핑행위를 한 선수 경우 일정기간의 자격정지와 해당 경기에 대한 점수 및 기록 등을 몰수하고 과징금을 부과한다.

| 2. 보디빌딩 경기 규정 및 운영 |

1. 경기인 등록 규정의 목적에 대해 설명하시오.

- 선수·지도자·심판의 등록 활동 등에 관한 기준과 절차를 정함으로써 건전하고 효율적인 선수·지도자·심판 육성과 우리나라 체육의 균형 발전을 도모함.

2. 경기인 등록 구분의 목적에 대해 설명하시오.

- 협회는 연령(다만, 연령 기준은 출생 연도를 기준은로 한다, 이하 같다) 등을 기준으로 하여 각 부를 둔다. 다만, 다음 각 호의 연령을 초과하지 않은 범위 안에서 협회의 특성에 따라 별도의 부를 둘 수 있다.
- 13세 이하 부
- 16세 이하 부
- 19세 이하 부
- 대학부
- 일반부

3. 경기인 등록의 결격 사유에 대해 설명하시오.

- 선수·심판·지도자·단체 임원으로서 제명의 징계를 받은 사람
- 당해 연도의 심판으로 등록한 사람
- 각종 범죄(폭력, 성, 승부 조작 등)로 인해 징계를 받은 사람

4. 경기인 등록규정 위반에 대한 징계 조치에 대해 설명하시오.

- 경기인 등록 규정을 위반한 경우에는 1년 이상 5년 이하 출전 또는 자격 정지 처분한다.
- 경기인 등록을 하지 않고 활동한 사람은 2년간 등록 금지한다.
- 규정 2회 위반자는 해당 징계 기준의 2배 이상, 3회 위반자는 제명 또는 파면한다.

5. 심판 등급 구분에 대해 설명하시오

- 국제 심판(A,B,C급) : 세계연맹 심판 자격 취득자로서 각종 국제경기대회의 심판 및 전국 규모의 경기대회에서 심판 위원으로 지명받을 수 있다.
- 국내 심판(1급,2급)

1급	국내 심판 자격 취득자로서 전국 규모의 경기대회에서 심판 및 지역 규모의 경기대회에 심판 위원으로 지명 받을 수 있다.
2급	국내 심판 자격 취득자로서 지역 규모의 경기대회에서 심판으로 지명받을 수 있다.

6. 심판위원회규정에서 명시한 심판 판정에 대해 설명하시오.

- 외부 단체로부터 독립하여 공정한 업무를 수행한다.
- 심판 관련 규정과 해당 단체의 규약 및 심판 판정을 준수하고 경기 규칙에 따라 명확한 판정을 위하여 최선을 다하여야 한다.
- 경기 운영 및 판정에 있어 공명정대하게 양심에 따라 판정한다.

| 3. 스포츠 인권 |

1. 성희롱, 성추행, 강제 추행, 성폭행, 성폭력에 대해 설명하시오.

성희롱	말과 행동 등으로 성적 수치심 불러일으키는 행위
성추행	신체 접촉 등으로 협오감(굴욕감)을 주는 행위
강제 추행	폭행과 협박 등을 통해 타인을 강제적으로 추행하는 행위
성폭행	강제적으로 성관계를 요구하거나 실행하는 행위
성폭력	성희롱, 성추행, 강제 추행, 성폭행의 요소를 포함하는 가장 큰 범주(자기결정권 침해)

2. 스포츠 폭력이란?

- 스포츠 인을 대상으로 폭행 및 감금, 갈취, 협박 등 정신적·신체적·금전적으로 피해를 가하는 행위
- 스포츠 폭력 행위에 대한 징계

구분	지도자	선수
1차 적발	5년 이상의 자격 정지	3년 이상의 자격 정지
2차 적발	10년 이상의 자격 정지	5년 이상의 자격 정지
3차 적발	영구 제명	영구 제명

3. 스포츠 성폭력이란?

- 스포츠 영역에서 자신의 지위와 권력 등을 이용하여 타인의 동의 없이 언어적·신체적·정신적으로 성적 자기 결정권을 착취하는 행위
- 성폭력 범죄 행위를 한 선수 또는 지도자: 1차 적발 시 영구 제명
- 성폭력 범죄 행위 외 성과 관련된 행위에 대한 징계

구분	지도자	선수
1차 적발	5년 이상의 자격 정지	3년 이상의 자격 정지
2차 적발	10년 이상의 자격 정지	5년 이상의 자격 정지
3차 적발	영구 제명	영구 제명

4. 스포츠 폭력 예방법과 대처법을 설명하시오

(1) 예방법

- 지도자는 선수 모두를 공평하게 대하도록 한다.
- 어떠한 경우에도 신체적 또는 언어적 폭력을 행사하지 않는다.
- 사전에 선수들에게 훈련 방법 또는 과정 등을 공표하고 선수와 지도자간의 대화를 통해 의견을 수렴한다.

(2) 대처법

- 피해자의 안전 보호를 최우선으로 하고 증거 확보 및 진위 파악 등 조사를 할 수 있도록 주변 또는 기관에 도움을 요청한다.
- 가해자에게 사건의 심각성을 인지하게 하고 처벌과 재발 방지를 위한 교육을 실시한다.

5. 스포츠 성폭력의 예방법과 대처법 설명하시오.

(1) 예방법

- 사전에 훈련 방법 및 과정 등을 상세히 설명하고 신체접촉이 필요할 경우 동의를 구한다.
- 신체나 외모에 대한 성적 언급이나 농담을 하지 않는다.
- 상담은 공적인 장소에서 실시한다.
- 이성 간의 성폭력 뿐만 아니라 동성 간에도 성적 굴욕감을 느낄 수 있음을 인지한다.

(2) 대처법

- 가해자와 피해자를 즉시 분리하여 행위를 중단하도록 요구한다.
- 비의도적 신체 접촉이 발생했을 경우에는 고의가 아니였음을 밝히고 사과한다.
- 피해자 보호를 최우선으로 하고 진위 파악 및 증거 확보 등의 조사를 할 수 있는 사람(부모님, 동료)이나 기관(스포츠인권센터, 사법 기관 등)에 도움을 받는다.
- 트라우마가 생기지 않도록 대처 이후에도 지속적인 치료를 실시한다.

6. 성 그루밍이란?

• 피해자와 친분을 쌓아 심리적으로 지배를 한 후 언어적 · 신체적 성적 착취를 가하는 행위

7. 성인지 감수성이란?

• 성별간 불평등에 대해 인지하고 일상 생활에서 성차별적 요소를 감지해내는 민감성

| 4. 생활체육 |

1. 생활체육 정의는?

• 모든 사회구성원을 위한 체육활동을 뜻하며 건강과 복지를 증진시키기 위해 여가시간을 활용하여 모두가 즐길 수 있는 체육활동 전체를 생활체육이라고 한다.

2. 생활체육 목표는?

① 건강과 체력 증진
② 건전한 여가생활
③ 공동체 의식의 증진

3. 생활체육의 기능은?

① 사회적 기능: 사회 구성원이 조화를 이루어 살아가도록 공동체 의식을 강화시켜 국민 화합을 이루어 낸다. 스포츠에 대한 올바른 규범을 학습하여 준법정신을 함양한다.
② 생리적 기능: 운동량이 부족한 사회 구성원에게 적정량의 신체 활동을 제공하여 신체적 건강을 유지 및 증진시킨다. 성인병을 예방하고 질병 치료의 보조적인 역할을 한다.
③ 심리적 기능: 긴장, 갈등, 스트레스 등을 안정시킨다. 정서적 균형을 유지시키며 자존감 형성에 도움을 준다. 함께 참여하는 사회 구성원들 간의 친밀감, 연대의식, 우애 등 유대감을 형성한다.

4. 생활체육의 3요소?

• 시설, 프로그램, 생활체육지도자이다.

5. 생활체육의 프로그램 구성 원리는?

- 평등성: 모든 사람이 참여
- 창조성: 창조적인 체육 활동 도모
- 욕구반영성: 참가자 욕구 반영
- 다양성: 일률적 방법이 아닌 다양한 프로그램 개발
- 전문성: 전문가에 의한 운영 및 감독
- 평가성: 프로그램에 대한 지속적이고 객관적인 평가
- 보완성: 프로그램 평가 이후 지속적인 수정 및 보완
- 편의성: 쉽게 참여 가능
- 전달성: 더 많은 사회구성원에게 보급
- 자발성: 사회 구성원이 자발적으로 체육활동 참여

6. 생활체육 활성화 방법은?

- 생활체육시설의 개방 및 확충
- 다양한 프로그램 개발 및 보급
- 생활체육 동호인 조직 활성화
- 생활체육 홍보 및 정보서비스망 활성화
- 스포츠지도자 관리 및 체계적인 활용

7. 생활체육 프로그램의 개념은?

- 시간적·공간적 제약을 극복하고 모든 사람들이 연령 · 계층 상관없이 체육을 즐기고 실천하는데 수반되는 수단과 방법이다.

8. 생활체육 프로그램 계획 과정에 대해 설명하시오.

① 프로그램 기획 및 목적이해 → ② 요구 조사 → ③ 프로그램 목적 및 목표 설정 → ④ 프로그램 계획 → ⑤ 프로그램 실행 → ⑥ 프로그램 평가 및 피드백

9. 생활체육 지도자의 개념 및 역할은?

- 생활체육 프로그램 개발
- 전문적 지식 전달
- 체력진단 및 운동처방
- 체육시설 운영 및 관리
- 사고예방 및 안전 관리

10. 생활체육 지도자의 자질은?

- 의사전달능력
- 도덕적 품성
- 공정성
- 사명감
- 활달하고 강인한 성격
- 자기 통제력

11. 생활체육 시설에 대해 설명하시오.

공공체육시설	일반 시민을 위해 저렴한 비용으로 체육활동에 참여할 수 있게 서비스를 제공하는 시설
민간체육시설	일반 시민을 대상으로 설치하는 체육 시설로 이윤 추구를 목적으로 하는 영리 시설과 체육 활동 장려를 목적으로 하는 비영리 체육 시설로 나뉨
학교체육시설	학교 교육과정에서의 체육 활동 공간뿐만 아니라 지역 사회에도 개방하여 주민의 생활체육 활동 공간
직장체육시설	직장인들의 능동적 체육 활동 참가를 위한 직장 내 복지 시설

12. 생활 체육 관련 용어 설명

용어	내용
Sport for All	모든 사람을 위한 스포츠로 성·연령·계층·사회적 지위에 관계없이 전 생에 걸쳐 모든 사람이 누구나 자유 의지로 스포츠에 참가할 기회와 권리를 보장해 주는 개념
피트니스 (Fitness)	밸런스가 잡힌 건강한 신체를 만들어 내는 운동 개념
에어로빅 (Aerobics)	몸 안에 최대한 많은 양의 산소를 공급하여 유산소 기능(폐와 심장 능력)을 촉진시켜 신체의 건강을 증진시키는 운동
웰니스 (Wellness)	Well-being + Fitness를 결합한 말로 행복하고 건강한 삶을 뜻하며 신체적 · 정신적 · 사회적으로 건강한 상태를 만드는 개념

| 5. 웨이트 트레이닝 |

1. 보디빌딩이란?

• 바벨·덤벨 등의 기구를 사용면서 다양한 방법을 통해 신체를 단련한 근육의 아름다움을 겨루는 스포츠이다.

2. 보디빌딩 기능적 효과는?

• 근력, 근지구력, 순발력, 유연성 등 건강 관련 체력을 향상시킨다.

3. 보디빌딩 초보자에게 주의해야 할 점은?

• 점진적 과부하, 피라미드법, 분할훈련법 등을 통해 안전하게 운동 프로그램을 구성해야 한다. 운동 초기에는 웨이트 머신을 이용해 부상의 위험을 줄이며 과도한 욕심을 부리지 않는다. 또한 운동, 영양, 휴식 세가지 요소를 이해하고 지켜야 한다.

4. 전문 보디빌더가 되기 위한 가장 중요한 훈련방법은?

• 정확하고 바른 자세를 통해 부상을 예방하고 적절한 운동강도를 유지하고 구체적인 훈련계획을 세운다. 오버트레이닝에 주의하고 운동, 휴식, 영양 섭취에 대해 정확히 이해하며 실시해야 한다.

5. 웨이트 트레이닝 시에 프리웨이트 운동과 머신을 이용한 운동의 장·단점은?

• 프리웨이트는 다양한 근육들을 자극해 근육의 밸런스를 향상시키나 정확한 자세로 실시하지 않으면 부상의 위험이 있어 초보자에게는 주의가 필요하다.

• 머신운동은 강도조절 및 사용방법이 쉬워 부상의 위험성은 낮고 원하는 부위를 자극하기 용이하지만 프리웨이트에 비해서 근육의 협응력과 밸런스 발달에는 효과가 낮다.

6. 운동기구를 잡는 그립의 종류는?

오버그립	손이 기구보다 위에 위치한 그립
언더그립	손이 기구보다 아래에 위치한 그립
뉴트럴그립	기구(덤벨)가 서로 마주보게 잡는 그립
와이드그립	일반적인 그립보다 넓게 잡는 그립
클로즈그립	일반적인 그립보다 좁게 잡는 그립
후크그립	손목을 꺾어서 갈고리처럼 잡는 그립
얼터네이트그립	오버그립과 언더그립 교차해서 잡는 그립
섬리스그립	엄지손가락 제외하고 잡는 섬리스그립

7. 동적 웨이트트레이닝과 정적 웨이트 트레이닝의 효과는?

- 동적 웨이트 트레이닝은 등장성 운동을 뜻하며 근육의 길이가 달라지고 수축이 이루어지며 단축성과 신장성 수축을 이용한다.
- 정적 웨이트 트레이닝은 흔히 등척성 운동을 뜻하며 근육길이의 변화 없이 근육의 긴장을 유지하는 방식으로 재활환자들의 치료에 주로 활용됨.

8. 웨이트트레이닝 호흡번은?

- 수축할 때 내쉬고 이완할 때 들이마신다. 많은 힘을 쓸 때는 발살바 호흡법을 이용하기도 하지만 고혈압 등의 성인병 환자들에겐 바람직하지 않다.

9. 웨이트 트레이닝에서 근력과 근지구력 훈련의 차이는?

- 근력은 근육이 낼 수 있는 최대 파워를 뜻하므로 고중량, 저반복 훈련 프로그램을 이용한다
  ex) Set당 3~5회, 5X5 훈련법
- 근지구력은 운동을 오래 지속할 수 있는 능력을 말하며, 저중량, 고반복 훈련이 근지구력을 향상시키는데 효과적이다.
  ex) Set당 15회~20회

10. 세트시스템이란?

• 근력은 일정한 부하에 적응하면 정체가 되는데, 근육에 다양한 자극을 주고 운동의 효율성을 위해 몇 가지 동작을 묶어 세트를 구성

11. 근비대를 목적으로 하는 트레이닝에서 세트와 운동 사이에 적절한 휴식시간은?

• 개인의 상황 및 컨디션, 운동종목 등에 따라 달라질 수 있지만 일반적으로는 1분~1분 30초가 효율적이다.

12. 운동 목표에 따른 운동 부하와 반복 횟수는?

근력 증가 : 1RM의 80~90%로 4~5회 반복
근지구력 증가: 1RM의 50~60% 강도로 15~20회 반복
근비대 증가: 1RM의 60~80% 강도로 10~15회 반복

13. 발살바 호흡법에 대해 설명하시오

• 호흡을 강하게 들이마시어 복압을 높여 상체의 지지력을 최대화 하는 호흡법으로 강한 힘을 발휘하기 위해서 근육이 수축할 때 호흡을 멈추는 방법이다.

14. 트레이닝의 원리에 대해 설명하시오.

과부하의 원리	일상 생활의 자극보다 더 강한 자극으로 운동
특이성의 원리	트레이닝 효과가 운동을 한 신체에 한정되어 나타남
개별성의 원리	개인적 특징(나이, 능력, 건강, 신체특성)을 고려해야함
반복성의 원리	효과를 얻기 위해 규칙적으로 장기간 계속 해야함
가역성의 원리	트레이닝 중지 시 이전 상태로 돌아감
다양성의 원리	방법을 다양화하여 지루함을 예방하고 효과를 증대함
전면성의 원리	특정 능력보다 여러 측면으로 발달을 도모해야함
점진성의 원리	운동의 질과 양을 늘려가야 함. · 질적요소: 운동양식(유산소 또는 무산소), 운동강도 · 양적요소: 운동시간, 운동빈도, 운동기간

15. 웨이트 트레이닝과 관련된 원리들에 대해 설명하시오.

치팅 시스템	정확한 자세로 더 이상 하기 힘들정도로 지쳐있을 때 반동을 사용하여 반복횟수를 더 가져가는 기술. 부상위험 있음
프리 이그적션	부상을 예방하기 위해 가벼운 운동에서 무거운 운동으로 진행
피크 컨트렉션	근육이 최대 수축되는 지점에서 1~2초 정도 정점수축
선피로	단순 관절을 이용하여 해당 부위에 가벼운 피로를 주고 다중 관절 운동을 실시 ex)덤벨 플라이 후 벤치프레스
근우선법	운동 초기 에너지가 많을 때 약한 신체부위를 먼저 실시
퀄리티 원리	세트 사이의 휴식시간을 점점 감소

16. 준비운동의 필요성과 효과를 설명하시오.

- 준비운동은 관절의 가동범위를 넓히고 근육은 물론 인대와 힘줄의 탄력성을 높여 부상위험을 감소시키기 때문에 신체활동 전에 몸을 운동에 적합한 상태로 준비하는게 효과적이다.

17. 트레이닝 종류에 대해 설명하시오.

인터벌 트레이닝	고강도 운동 사이에 불완전한 휴식을 넣는 신체 훈련 방법으로 예를 들면 전력 달리기 후 조깅을 반복하는 훈련법이 대표적
웨이트 트레이닝	무게를 가지고 하는 트레이닝으로 근비대에 효과적
서킷 트레이닝	여러 가지 운동을 일정한 순서대로 돌아가면서 실시하는 트레이닝
레피티션 트레이닝	완전한 휴식을 사이에 두고 반복하는 트레이닝
플라이오메트릭 트레이닝	짧은 시간에 최대 근력을 수행하는 것으로 근육의 탄성을 이용한 신전 반사를 증가시키는 트레이닝

18. 지연성 근통증(DOMS)에 대해 설명하시오.

- 지연성 근통증(Delayed Onset Muscle Sorness)는 운동 후 1일에서 3일에 걸쳐 서서히 나타나는 근통증을 뜻하며 평소에 덜 사용하던 근육들을 무리하게 사용되면서 근육에 구조적인 손상을 입어 통증이 유발된다.

19. 웨이트 트레이닝 세트 훈련법에 대해 설명하시오.

컴파운드 세트	같은 근육 부위 2가지 운동을 연속적으로 휴식 없이 수행 ex) 바벨컬(이두) 후 덤벨컬(이두)
슈퍼 세트	길항작용을 하는 근육 부의 운동을 묶어서 연속적으로 휴식 없이 수행 ex) 바벨컬(이두) 후 라잉 트라이셉스 익트센션(삼두)
트라이 세트	같은 근육 부위 3가지 운동을 연속적으로 휴식 없이 수행
자이언트 세트	같은 근육 부위 4가지 운동을 연속적으로 휴식 없이 수행
드롭 세트	고중량으로 세트가 끝난 후 휴식 없이 중량을 20~30% 정도씩 낮추어 최소 중량까지 내려가며 수행
디센딩 세트	고중량 세트가 끝난 후 일정한 휴식을 가진 후에 점차 낮은 중량으로 낮춰가며 수행

20. 분할법에 대해 설명하시오

- 운동의 효율성과 근육의 휴식을 고려한 훈련방법으로 신체부위별로 나누어 규칙적인 주기에 맞춰서 수행하는 것
- 2분할법: 전신 근육을 2번으로 나누어 훈련하는 방법 ex) 하체 / 상체
- 3분할법: 전신 근육을 3번으로 나누어 훈련하는 방법 ex) 하체 / 가슴 및 팔 / 등 및 어깨

21. 다중 관절 운동과 단순관절 운동에 대해 설명하시오

- 다중 관절 운동: 2가지 이상의 관절을 사용하는 운동으로 더 많은 힘을 발휘
  ex) 스쿼트, 벤치프레스, 데드리프트 등
- 단순 관절 운동: 1가지 관절을 사용하는 운동으로 해당 부위를 집중적으로 타겟
  ex) 레그 익스텐션, 덤벨 컬 등

22. 근비대에 가장 중요한 3가지 요소는?

- 운동, 영양, 휴식이다. 3가지 요소가 균형있게 이루어져야 근비대가 잘 이루어진다.

23. 트레이닝 주기화에 대해 설명하시오.

- 기간에 따라 단계별 계획을 체계적이고 점진적으로 세워 훈련을 실시하는 것으로 자신에게 맞는 다양한 훈련 방법을 통해 트레이닝 효율을 높일 수 있다.

24. 연령에 따른 운동 지도방법에 대해 설명하시오

노인	노화가 진행되면서 신체적으로 체력, 유연성, 회복력 등의 기능이 떨어지고 심리적으로도 약해지기 때문에 활력과 자신감을 가질 수 있도록 무리한 운동보다는 상태에 맞는 저강도 운동을 꾸준히 실시하는 것이 좋음. 또한 근력이 많이 약해지기 때문에 자신의 체중을 이용한 부하운동(맨몸 스쿼트, 물건 옮기기 등)을 실시하여 근력을 유지하는 것이 좋음.
유소년	신체적으로 완성되지는 않았지만 성장 수준이 매우 빠르기 때문에 신체와 운동기술의 고른 성장을 도모해야 함. 과도한 경쟁심이나 승리보다는 협동심과 스포츠맨십, 페어플레이 등과 같은 가치·인성 요소를 함양할 수 있도록 지도해야 함.

| 6. 과학적 지도방법(운동 생리학 및 영양학) |

1. 항상성에 대해 설명하시오.

- 항상성은 인체 기능을 정상적으로 유지하기 위하여 자극에 대해서 적절하게 반응하고 일정하게 유지하려는 성질

2. 우리 몸의 3대 영양소와 6대 영양소는?

- 3대 영양소: 탄수화물, 지방, 단백질
- 6대 영양소: 탄수화물, 지방, 단백질, 비타민, 무기질, 미네랄(수분)

3. 수분이 인체에 어떤 역할을 하는지 설명하시오.

- 혈액을 구성하는 성분으로 우리 몸의 70% 정도 차지하는 중요 성분이다. 영양소를 운반하면서 체내 노폐물을 제거한다. 또한 체온조절, 대사산물의 배설 등의 다양한 역할을 수행한다.

4. 영양소별 칼로리를 설명하시오.

- 탄수화물, 단백질 : 4Kcal, 지방 : 9Kcal

5. 단백질 섭취 시기에 대해 설명하시오.

- 운동 후 30분 이내에 단백질을 섭취하는 것을 기회의 창이라고 하며 이 시기에 단백질을 섭취하는 것이 근육 형성이 잘 이루어진다.

6. 비타민의 종류에 대해서 설명하시오.

- 수용성 비타민: B,C / 물에 녹으며 소변으로 배출됨
- 지용성 비타민: A,D,E,K 등 / 지방에 잘 녹음

7. 웨이트 트레이닝을 할 때 사용되는 영양소를 설명하시오.

- 모든 운동에는 한가지 영양소만 사용하지 않는다. 탄수화물, 지방, 단백질 모두가 사용되며 웨이트 트레이닝은 짧은 시간 동안 강한 힘을 필요로 하는 운동이기 때문에 PCr(포스포크레아틴)을 ATP로 변환시켜 에너지로 사용하고 그 이후에는 탄수화물을 주로 이용한다. 극단적인 고강도 장시간 운동에는 단백질을 에너지원으로 활용하기도 한다.

8. 인슐린의 역할과 기능에 대해 설명하시오.

- 췌장에서 분비되는 호르몬으로 포도당 수치(혈당량)을 일정하게 유지시키는 역할을 한다.
- 인슐린 분비가 낮으면 혈중 포도당이 글리코겐으로 저장되지 못하여 소변으로 배출되는 당뇨병이 발생하고, 인슐린 분비가 높으면 저혈당증상이 생겨 체내에 지방이 많이 쌓이게 된다.

9. 글리코겐 로딩에 대해 설명하시오.

- 일정 기간동안 탄수화물을 줄여 탄수화물이 고갈될 시점에 탄수화물을 많이 섭취함으로써 탄수화물 저장량을 높여 근육이 더 크게 보이거나 근질을 더욱 높이는 방법

10. BCAA에 대해 설명하시오.

- 류신, 발린, 이소류신과 같은 분자 사슬 아미노산을 뜻하며 손상된 근육의 회복과 근육의 피로에 도움이 된다. 체내에서 합성하지 못하기 때문에 음식물로 섭취한다.

11. 필수 아미노산과 비필수 아미노산에 대해 설명하시오.

- 필수 아미노산은 체내에서 합성되지 않거나 매우 적은 양으로 합성되는 아미노산을 말하며 대표적으로 류신, 이소류신, 발린, 메티오닌, 트레오닌 등이 있다.
- 비필수 아미노산은 체내에서 합성되거나 체내 요구량이 낮은 아미노산으로 대표적으로 L-아르기닌, L-카르니틴, L-글루탐산, L-티로신 등이 있다.

12. 크레아틴에 대해 설명하시오.

- 주로 붉은색 육류나 생선에 많이 함유된 아미노산으로 95%가 골격근에 저장되어 있다. ATP를 생산하여 운동능력을 향상시키며 고강도 운동에 사용된다.

13. 동화 작용과 이화 작용에 대해 설명하시오.

- 동화 작용은 근육에 단백질을 합성시키는 작용
- 이화 작용은 근육이 분해되는 작용

14. 아나볼릭 스테로이드에 대해 설명하시오.

- 단백질의 동화·흡수를 촉진시키는 합성 스테로이드이며 근육을 강화시키기 위해 사용되는 세계도피방지규약에서 규정하는 금지 약물이다. 부작용으로는 체중 증가, 면역 기능 저하, 우울증 등이 있다.

15. 카페인이 운동에 미치는 영향에 대해 설명하시오.

- 카페인은 각성 효과가 있어 운동 시 중추 신경을 흥분시켜 고강도 운동을 할 때는 근신경계를 활성화시키고 유산소 운동 시에는 지방의 활성화를 일으킨다. 다만 과도한 카페인 섭취는 불면증, 불안감 등을 유발시키며 과도한 이뇨 작용을 일으킬 수 있다.

16. 흡연이 운동 수행 시 미치는 영향에 대해 설명하시오.

• 흡연은 심폐 기능 저하, 산소 공급 장애, 혈압 및 심박수 증가, 산소량 감소 등 운동 수행에 부정적인 영향을 끼친다.

17. 음주가 근성장에 방해되는 이유에 대해 설명하시오.

• 음주는 반응 시간 저하, 신체 탈수, 균형성 및 평형감 감소, 근육 성장 및 근육 수축 기능 저하 등 운동 수행에 부정적인 영향으르 끼친다.

18. 근육의 역할에 대해 설명하시오.

• 운동과 호흡, 자세 유지, 체온 유지를 위한 열을 생산한다.

19. 근육의 종류에 대해 설명하시오.

골격근	인체의 움직임을 관장하는 근육으로 우리의 의지대로 수축할 수 있는 수의근
심장근	심장과 심장 주변 혈관을 말하며 평활근과 같은 불수의근
내장근	소화관 벽이나 혈관벽과 같은 장기를 둘러싸고 있으며 불수의근

20. 근섬유의 종류에 대해 설명하시오.

• 지근: 적근이라고 하며 수축 반응이 느리고 운동 강도가 비교적 낮은 신체 활동에 사용되며 피로에 강하다.
• 속근: 백근이라고 하며 수축 반응이 빠르고 운동강도가 높은 신체 활동에 사용되며 피로에 약하다. 또한 피로에 저항하는 능력에 따라 Type Ⅱa와 Type Ⅱx로 구분된다.

21. 주동근과 길항근에 대해 설명하시오.

- 주동근은 운동 부위에 직접적으로 움직임을 유발하는 근육이며 길항근은 주동근의 반대로 움직임을 느리게 하거나 정지시키는 근육이다.

22. 근수축 과정에 대해 설명하시오.

- 액틴과 미오신 근세사가 모여 근섬유를 만들고, 이들이 모여 근육을 이루는데 근수축 신호가 오면 액틴과 미오신이 서로 끌어당겨 근세사의 길이가 짧아지고 근섬유가 동시에 수축되면서 근수축이 일어난다.

23. 근력 운동 두 가지 종류에 대해 설명하시오.

- 정적 운동: 움직임 없이 근력을 발휘하는 것
  예) 등척성 운동·벽밀기
- 동적 운동: 움직이면서 근력을 발휘하는 것
  예) 등장성 운동 - 덤벨컬

24. 근육의 수축 형태 3가지에 대해 설명하시오.

<table>
<tr><td rowspan="3">등장성</td><td colspan="2">근육의 길이 변화가 있으면서 근력이 발휘되는 수축
예) 덤벨컬, 벤치프레스 등</td></tr>
<tr><td>단축성 수축</td><td>신장성 수축</td></tr>
<tr><td>근육의 길이가 짧아지며 수축하는 운동</td><td>근육의 길이가 길어지며 수축하는 운동</td></tr>
<tr><td>등척성</td><td colspan="2">근육의 길이 변화가 없으면서 근력이 발휘되는 수축
예) 벽밀기 등</td></tr>
<tr><td>등속성</td><td colspan="2">근육의 이완 및 수축이 같은 힘으로 이루어지는 수축
예) 재활 운동 시 사용</td></tr>
</table>

25. ATP에 대해 설명하시오.

- 아데노신삼인산이라 불리며 에너지대사에 매우 중요한 역할로 ATP 한 분자가 기수분해를 통해 에너지를 방출하여 생물활동에 이용된다.

26. 에너지 대사 종류에 대해 설명하시오.

ATP-PC 시스템 (인원질 시스템)	가장 빨리 ATP를 재합성하는 시스템(10초 내외)이다. 고강도 운동 시 에너지는 빠르게 고갈되며 ATP는 근수축에 필요한 에너지를 사용하면서 ADP+Pi로 분해가 되고 PC가 C+Pi로 분해되면서 ADP+Pi를 ATP로 재합성
젖산 시스템 (해당 과정)	ATP-PC 시스템에 의해 에너지가 고갈될 경우 근육과 간 속에 있는 글리코겐을 분해하여 에너지를 생산하는 시스템이다. 글리코겐은 해당 과정을 거쳐 피루브산으로 분해되어 ATP를 생성하고 산소가 충분하지 않으면 젖산 시스템으로 들어감. 젖산 시스템은 ATP-PC 다음으로 빠른 에너지 생산이 가능하여 최종 부산물인 젖산은 근육통과 근피로를 유발
유산소 시스템	운동 시 산소가 충분히 공급될 경우 글리코겐이 이산화탄소와 물로 분해되면서 ATP를 생성하기 때문에 젖산의 축적을 방지하여 장시간 운동에 이용

27. 스포츠 심장에 대해 설명하시오.

- 스포츠를 통해 단련된 심장으로 1회 심박출량이 많아 심박수가 적게 나오는 특징이 있으며 신체조직에 충분한 혈액을 공급할 수 있어 스포츠 활동에 유리하다.

28. 세컨드 윈드에 대해 설명하시오

- 운동 시 가장 힘든 지점인 사점을 넘어가게 되면 신체적으로나 정신적으로나 편안하게 느끼는 상태를 말한다.

29. 교감 신경계와 부교감 신경계에 대해 설명하시오.

- 자신의 의지로 제어할 수 없는 말초 신경계를 자율 신경계라고 하는데 자율신경계는 교감 신경계와 부교감 신경계로 나뉘어지고 이 둘은 길항 작용을 통해 제어된다.
- 교감 신경계가 활성화되면 심장 박동 촉진, 호흡 운동 촉진, 소화 운동 억제

- 부교감 신경계 활성화되면 심장 박동 억제, 호흡 운동 억제, 소화 운동 촉진

30. BMI(Body Mass Index)에 대해 설명하시오

- 체질량 지수로 신장과 체중의 비율로 나타낸다 * BMI=체중(KG)/신장$(m)^2$

31. 남성 호르몬(테스토스테론:Testosterone)과 여성 호르몬(에스트로겐:Estrogen)의 대해 설명하시오.

- 남성 호르몬: 근육과 골격, 골밀도를 발달시키며 낮은 목소리 등 남성답게 만드는 역할을 하는 호르몬
- 여성 호르몬: 여성의 2차 성징 발현에 영향을 주며 근육과 뼈의 생성 등에 작용하며 근육량 감소, 지방 축적 증가에 영향을 줌.

32. 운동 중 고원 현상이란?

- 어느 수준까지 증가하던 운동 수행력 증가가 학습자의 피로, 권태, 흥미 상실 등과 같은 신체적·심리적 요인에 의해 정체되는 현상

| 7. 응급 처치 |

1. 응급 처치 필요성에 대해 설명하시오.

- 갑자기 발생한 부상이나 질환에 대해 최소한의 긴급 처치를 하는 것을 말하며 부상 정도가 더 악화되는 일을 막고 생명을 구하는 행동이다. 대표적으로 지혈, 심폐소생술 등이 있다.

2. 응급 상황 시 행동 요령(3C)에 대해 설명하시오.

① Check : 현자과 부상자를 확인
② Call : 119나 응급 의료 기관에 연락
③ Care : 환자를 돌봄

3. 의식이 있는 환자의 응급 처치법 순서에 대해 설명하시오.

- ① 의식 확인 → ②119 신고 → ③ 환자 안정 및 체온 유지 → ④ 편안한 자세 유지 → ⑤ 필요한 응급처치 시행 및 119 대기

4. 의식이 없는 환자에 대한 응급 처치법(심폐소생술) 순서에 대해설명하시오.

① 의식과 호흡 확인 → ② 근처 사람 구체적으로 지목해 119 요청 → ③ 흉부압박 30회 → ④ 기도확보 및 인공호흡 2회 → ⑤ 자동세제동기 사용 → ⑥ 반복(구급차 올 때 까지)

5. RICES 응급 처치법에 대해 설명하시오.

골절환자에게 사용되는 응급처치법으로 ① Rest(휴식) → ② Ice(얼음찜질) → ③ Compression(압박), ④ Elevation(거상), ⑤ Splint(고정)을 뜻한다.

6. 출혈 환자의 응급처치 방법은?

- 내출혈시에는 환자를 눕힌 후, 상처부위를 심장보다 높이 올리고 호흡, 맥박, 의식을 체크한다.
- 외출혈시에는 상처부위를 소독한 후 압박을 진행하고 상처부위를 심장보다 높게 한 다음 붕대를 감아 지혈하여 감염을 예방한다.

7. 골절 환자의 응급처치 방법은?

- 골절 부위를 압박붕대와 부목으로 고정시켜 움직이지 않도록 하고 출혈이 있다면 상처부위를 심장보다 높게한 다음 병원으로 후송한다.

| 약력 및 경력(최대로)

- 現 현직 체육교사
- 국내 보디빌딩 대회 다수 입상

| 출판 검토 및 자문(한현근)

- 헝그리스포츠 대표 저자
- 헝그리스포츠 채널 운영 중

| 사진 촬영(김창순)

- 스냅 촬영, 바디프로필 촬영 (국내 제주 및 해외 파리 등)
- soon.graphy_jeju

| 참고문헌

- 닉 에반스「BODY BUILDING ANATOMY(2016) 개정판」, 푸른솔
- 뉴만「KINESIOLOGY(2018) 3판」, 범문에듀케이션
- 주명덕 외 1인「운동역학(2009)」, 대한미디어
- 한국운동역학회「운동역학(2011)」, 대한미디어
- 이재구 외 5인「운동 기능 해부학(2008)」, 군자출판사
- 최대혁 외 2인「파워운동생리학(2008)」, 대한미디어
- 정일규「휴먼 퍼포먼스와 운동생리학(2011)」, 대경북스

2024 헝그리스포츠 스포츠지도사 보디빌딩
실기·구술(5종 자격증 포함)

발행일 2024년 4월 30일(초판)

발행인 박유진

발행처 직업상점

편저자 최대로

디자인 김보미

정 가 27,000원 **ISBN** 979-11-981222-5-4